北方工业大学国家级项目支撑专项资助成果
北方工业大学北京城市治理研究基地资助成果

特大城市基层公共服务设施规划理论与实践研究

王卉 著

黑龙江科学技术出版社
HEILONGJIANG SCIENCE AND TECHNOLOGY PRESS

图书在版编目（CIP）数据

特大城市基层公共服务设施规划理论与实践研究 /
王卉著 . -- 哈尔滨：黑龙江科学技术出版社，2025. 1.
ISBN 978-7-5719-2674-8

Ⅰ . D669.3

中国国家版本馆 CIP 数据核字第 2024XL0364 号

特大城市基层公共服务设施规划理论与实践研究

TEDA CHENGSHI JICENG GONGGONG FUWU SHESHI GUIHUA LILUN YU
SHIJIAN YANJIU

王　卉　著

策划编辑	王　姝	
责任编辑	陈元长	
封面设计	王诺霖	
出　　版	黑龙江科学技术出版社	
	地址：哈尔滨市南岗区公安街 70-2 号　邮编：150007	
	电话：（0451）53642106　传真：（0451）53642143	
	网址：www.lkcbs.cn	
发　　行	全国新华书店	
印　　刷	哈尔滨午阳印刷有限公司	
开　　本	710mm×1000mm　1/16	
印　　张	9.25	
字　　数	135 千字	
版　　次	2025 年 1 月第 1 版	
印　　次	2025 年 1 月第 1 次印刷	
书　　号	ISBN 978-7-5719-2674-8	
定　　价	65.00 元	

前　言

　　合理、公平地分配公共服务资源是城市规划和治理的核心议题，其中基层公共服务设施作为居民日常活动的载体，其规划配置一直是城市规划的一项重要内容。我国传统的基层公共服务设施配置主要依据人口规模和服务半径，实现公共资源在地域层面上的公平分配。随着我国城市化进程的推进，城市发展模式已从注重规模扩张向注重内涵提升转型，这一转型使得基层公共服务资源配置的社会背景发生显著变化。高度聚集的空间环境、异质的社区结构和多样的社会需求，使公共资源的配置愈加复杂。基层公共服务设施分配不均、供需关系不平衡，以及供给缺位错位等现实问题也亟待寻求解决之道。在此背景下，系统性地梳理基层公共服务设施的特征和配置体系具有较强的现实意义。

　　本书聚焦特大城市基层公共服务设施配置的特殊性和复杂性，从人本主义的视角出发，梳理我国基层公共服务设施配置的发展演变历程，比较分析基层公共服务设施的规划配置体系，探讨街道级和社区级公共服务设施配置的特征和发展趋势，并对基层文化设施、基层体育设施、基层医疗设施和基层养老设施的规划政策背景、配置要求、建设现状和居民使用情况进行实证研究。在此基础上，本书以问题为导向，分析国外典型城市公共服务设施规划的体系和方法，借鉴相关成功经验，并提出我国优化基层公共服务设施配置的策略和展望。从研究来看，我国特大城市的基层公共服务设施规划已经形成了一套相对稳定的配置体系，但基层公共服务设施与人群属性、需求特征及资源环境之间的协调关系仍有待进一步研究。细化公共服务设施类型，为居民提供全年龄、全周期的公共服务，并增强公共服务资源配置的精准性，将是未来探索的重点。

笔者及研究团队长期致力于北京市基层公共服务设施的规划配置和使用情况的调查与研究，本书的主体内容是相关研究的部分成果。特大城市基层公共服务设施的配置需要综合"社会"和"空间"两个层面的需求，既要满足设施空间配置的均好性，更要注重居民对基层公共服务的实际"获得感"，这不仅涉及规划技术的改进，也涉及社区治理模式的创新。本书写作的主要目的是通过系统梳理国内外基层公共服务设施配置的体系和特征，进一步引发对相关问题的思考和探讨。鉴于作者能力有限，书中若有不足之处，敬请广大读者批评指正。

目 录

第1章 引言

1.1 社会背景

城市的重要功能是为居民生活提供各种类型的公共服务，公平、合理、高效地配置城市基层公共服务设施是城市规划的重要职责。基层公共服务设施与居民日常生活的联系最为紧密，优化和提升基层公共服务设施供给是构建高质量城市生活空间的重要保障。20世纪50年代，我国基层公共服务设施是作为居住区的配套设施而建设的。20世纪80年代，伴随房地产市场的兴起及大规模居住区开发建设活动的开展，基层公共服务设施的配置越来越受到国家的关注，并出台了诸多相关标准和技术要求。1993年，建设部（现住房和城乡建设部）颁布《城市居住区规划设计规范》（GB 50180—93），在类型、规模、空间布局等方面为各级居住空间应配套的公共服务设施进行了明确的规定。《城市居住区规划设计规范》的出台，表明我国居住区规划拥有了一套相对统一的规划设计模式和公共服务配套标准，不仅规范了我国城市化快速发展时期的居住区建设，也保障了基层公共服务资源的公平分配。但与此同时，基层公共服务建设存在的问题也比较明显，如公共服务设施的配置标准过于同一化，难以满足不同城市空间及居民的差异性需求；规划实施效果不佳，公共服务设施规划与落地之间存在脱节；公共服务资源的公平规划还局限于物质空间的地域均等层面；等等。近年来，我国城市化进入转型时期，经济发展重心、城市建设模式、人口格局都发生了明显的变化，基层公共服务设施的规划和建设也需要进行适应性转变。

首先，公共服务资源的公平分配一直是城市规划和治理的核心议题。20世纪50年代起，我国居住区规划受到邻里单位思想和苏联建设模式的影响（肖飞宇 等，2019），主要采用分级配建和千人指标的方式保障居民享受基本的公共服务，这一方式也与计划经济时期的"单位制"社会组织模式具有较强的吻合关系。20世纪80年代之后，住房商品化和市场化使高度同质的"单位制"走向终结，我国大城市出现了明显的居住空间分异现象（应瑞瑶 等，2009）。居住空间分异是将人及其群体的社会属性和空间地域特征相整合而形成的一种居住特征，既包括住宅的高度、密度、形态等物质空间特征，也包括社会阶层、经济收入等居民的社会特征。在这样的背景下，社会公平与正义的问题逐渐受到关注。进入21世纪，我国经济社会发展的重心逐步从效率优先向社会公平转变。2006年，党的十六届六中全会提出构建社会主义和谐社会的目标；党的十八大提出，逐步建立以权利公平、机会公平、规则公平为核心的社会公平保障体系。基层公共服务设施的配置如何应对异质化的居住空间、公共服务设施与人口结构的匹配关系，成为进一步研究的重点。

其次，在我国特大城市追求高质量发展的时期，基层公共服务设施仍然是特大城市建设的短板。目前，我国城区常住人口在500万～1 000万人的特大城市有14座，常住人口在1 000万人以上的超大城市有10座。这些城市的经济发展程度较高，且已进入追求质量提升的城市更新阶段。一方面，特大城市高度聚集的居住空间、多样的人群需求、异质的社会结构，使公共资源分配更加复杂；另一方面，我国在公共服务设施体系建设方面一直存在重市、区级大型设施，轻街道、社区基层设施的问题（徐碧颖，2018），导致与国际大城市相比，我国城市基层公共服务设施在数量和质量方面还存在明显的欠缺。因此，应针对特大城市基层公共服务设施配置的特殊性进行系统性研究（刘晟 等，2022），从服务对象多元化、配置规模多级化、服务水平动态化、供给种类多样化等角度（张沛 等，2015）探讨基层公共服务设施的高水平供给，进而助推特大城市不断发展。

再次，近年来我国特大城市的人口结构也发生了明显的变化。以北京市为例，从人口数据上来看，第七次全国人口普查数据显示，北京市常住人口为 2 189.3 万人；2021 年末，全市常住人口为 2 188.6 万人；2022 年末，全市常住人口为 2 184.3 万人。人口增长整体呈下行趋势，常住人口数量逐年减少。从人口结构上来看，第七次全国人口普查数据显示，北京市 60 岁及以上人口为 429.9 万人，占 19.6%，其中 65 岁及以上人口为 291.2 万人，占 13.3%。《北京市 2022 年国民经济和社会发展统计公报》显示，2022 年北京市 60 岁及以上人口为 465.1 万人，占 21.3%，其中 65 岁及以上人口为 330.1 万人，占 15.1%。可见，北京市已进入中度老龄化社会，老龄化程度进一步加深，社会对医疗、护理、养老等设施的高质量需求日益突出。

最后，在城市社会转型的过程中，社区治理的形式也在不断创新。一方面，街道和社区等基层社会管理主体将公共服务、公共管理和公共安全等治理工作作为主要职能（奚东帆 等，2017），并推行责任规划师制度，实现社区的管理和建设；另一方面，随着社会的发展，居民和各类社会群体作为社区治理的利益实体，也以多种方式参与基层公共服务设施的建设，并扩展了公共服务设施供给的途径。

1.2 研究界定

城市基层公共服务设施是政府提供社会性服务的载体，包括教育、医疗、文化、体育等各种类型的社会服务设施，以及道路、市政工程等基础性设施。城市基层公共服务设施包含的范围非常广泛，可分为多种类型。

首先，按供给主体划分，城市基层公共服务设施可分为公益性设施和营利性设施。其中，公益性设施主要由政府部门建设，属于公共物品的范畴。从城市规划的角度来看，根据服务的人口规模和范围，早期的城市基层公共服务设施可分为市级、区级、居住区级、小区级和组团级。其中，居住区级以上的公共服务设施以城市用地分类标准为基础，依据总体规划、控制性详细规划和专项规划确定在城市用地中的位置和规模。居住区级及以下的公共服务设施主要依照《城市居住区规划设计规范》，根据人口规模、千人指标、服务半径等进行配建。早期的居住区、小区和组团主要以人口规模进行等级划分，这种方式容易导致规划单元与行政单元不对应，出现规划、管理及执行部门分割等问题（滕娟 等，2014）。因此，国内很多城市也调整了分级配建的方法，参照基层行政管理体系划分公共服务设施，将城市居住区级及以下的公共服务设施分为街道级和社区级，并统称为基层公共服务设施。其中，街道是城市基层行政管理单元，在城市中对应街道办事处所管辖的范围，包含一定规模的人口和用地，下辖若干社区。现代意义上的"社区"，最早由德国学者斐迪南·滕尼斯（Ferdinand Tönnies）于 1887 年在《社区和社会》一书中提出。这里的"社区"，是指一种建立在某一地域范围内，以价值认同、情感认同为基础，基于血缘、地缘或精神而发展起来的社会单元，具有地域性与社会性。1933 年，费孝通将社区的概念引入中国，在与中国传统文化和社会组织方式碰撞和融合的过程中，对社区出现过不同的理解和诠释。2000 年，《民政部关于在全国推进城市社区建设的意见》将社区定义为聚居在一定地域范围内的人们所组成的社会生活共同体，城市社区的范围一般指居民委员会的辖区，包含一个或多个居住区。因此，目前我国城市社区的概念更多的是与基层组织相联系，具有明显的行政属性。2018 年，住房和城乡建设部颁布了新版《城市居住区规划设计标准》（GB 50180—2018），以社区生活圈划分城市居住空间，生活圈的划分同样考虑到与基层管理单元的对接，以 15 分钟生活圈对应街道办事处管辖范围，5 分钟生活圈对应社区居委会管辖范围。

其次，按提供服务的方式和空间分布特征划分，城市基层公共服务设施可分为服务半径依赖型设施和网络系统依赖型设施。其中，服务半径依赖型设施包括非定点服务设施和定点服务设施两类。定点服务设施是居民必须到达才能获得相应的服务，且服务品质受到距离的影响和限制。这类公共服务设施具有效益随距离增加而衰减的特点，空间分布容易导致服务的差异性和不公平性，需要着重加以研究（江海燕 等，2011）。

本书主要探讨的是由政府主导、为居民提供公益性社会服务、与居民日常生活密切相关的基层公共服务设施，研究对象限定于依赖距离和空间布局的定点服务设施，并以基层文化设施、基层体育设施、基层医疗设施和基层养老设施为研究重点。其中，基层文化设施包括街道文化活动中心、图书馆和社区文化室、图书室等；基层体育设施包括街道体育活动中心、室内体育场馆、社区居民健身场地等；基层医疗设施包括街道卫生服务中心、社区卫生服务站等；基层养老设施包括街道养老照料中心、社区养老服务驿站等。

本书基于我国城市建设向质量提升转型的背景，聚焦特大城市基层公共服务设施配置的复杂性，通过理论研究、国际比较和实证调查，探讨我国基层公共服务设施配置的发展演变、特征、问题及发展趋势。研究内容主要包括：①分析人本主义视角下城市基层公共服务设施研究的相关进展，包括各类居民需求下公共服务设施的多元配置研究、针对大城市居住空间分异的对策性研究、公共服务设施的社会公平性研究等。②梳理我国城市基层公共服务设施配置的发展演变脉络，对比各个历史时期的指标体系，并对国内典型大城市现行的公共服务设施控制体系进行比较分析，总结我国基层公共服务设施配置的特征和发展规律。③选取基层文化设施、基层体育设施、基层医疗设施和基层养老设施进行分项研究，包括相关政策背景、规划配置要求、现状建设和居民使用情况。此部分主要以北京市中心城区为研究对象。④对国外大城市的公共服务设施规划实践进行研究，主要以美国纽约市和英国大伦敦地区为研究案例。在城市规划框架的背景下，研究基层公共服务设施的规划体系、规划方法和特点，以期为我国城市建设提供启示和借鉴。

1.3 相关研究进展

1.3.1 基于人群特征的公共服务设施多元化配置研究

西方国家对公共服务设施配置的研究始于 20 世纪初，城市规划学、地理学、管理学等领域的学者对此进行了大量的研究，内容包括公共服务设施的布局模式、影响公共服务设施配置的因素、公共服务设施的可达性和公平性等。20 世纪 70 年代以后，西方学者逐渐关注公共服务设施的多元化需求和配置，居民属性和对不同公共服务设施的偏好是研究的重点。Makinen 等（2008）研究了不同年龄、文化背景、经济背景的人群在使用公共服务设施方面的差异性。例如，在公园绿地的使用上，青少年喜欢优美的环境、积极的活动，成年人和老年人更喜欢自然环境。Gobster（2002）研究发现，不同群体使用公园绿地的模式和偏好不同。Tsou 等（2005）通过问卷调查居民对不同公共服务设施的选择概率，计算公共设施的综合公平指数。Thompson（2002）通过调查发现，不同开敞空间使用的差异除了与可达性和吸引力有关，还与各国的文化传统有关。Salvador 等（2006）认为，针对居民属性的研究需要权衡不同人群对公共服务设施布局的偏好。Paul 等（2008）建立了评价不同健康条件下居民需求的评估体系。Fortney（1996）建立了一个基于成本效益理论的区位布局模型，评估对公共服务设施的使用倾向。

我国从 20 世纪 90 年代开始，逐渐开展公共服务设施配置方面的研究，2007 年之后呈上升趋势（图 1.1）。学者很早就意识到基于我国城市地域空间和人口结构的不同，经济收入、文化价值、年龄结构的差异会导致需求的分化。因此，以居民需求为导向，研究不同社会经济属性的居民对公共服务设施的需求和偏好，进而优化设施配置是学术界不断探讨的话题。相关研究涉及各类人群，以及各类设施之间的差异性需求和匹配关系，并重点突出了对老年人、儿童、残障人士等相对弱势群体的研究。

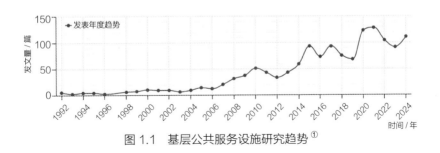

图 1.1　基层公共服务设施研究趋势[①]

张大维、陈伟东等（2006）梳理了社区发展规划理念和居住政策导向，提出公共服务设施量与社区内特殊人群、老年人和青少年人口比例呈正相关，在社区规划时应该根据社区的居住群体考虑提供相关的服务。刘佳燕、郑筱津等（2006）在北京市昌平新城公共设施规划中，提出应以规划单元内部的人口密度、年龄构成、社会经济地位等社会特征为依据，差异性配置公共设施。葛丹东、陈弋（2009）以杭州湾经济开发区公共服务设施体系规划为例，研究企业与居民两大需求主体对公共服务设施的不同需求。李如贵、张静等（2008）针对外来人口对公共服务设施的需求进行了调查分析。黄靖、刘盛和（2005）提出，不同类型的流动人口对基础设施的需求存在差异。李京生、张彤艳等（2007）以上海市嘉定区马陆镇社区公共服务设施规划为例，提出构建多级服务网络、实现多元分异供给的配置方式。邵磊、袁周等（2016）对北京市某保障性居住区进行调查，用因子分析法提取人群特征的八个变量，并对公共服务设施的需求特征及满意度进行分析。黄杉、张越等（2012）运用组群存续、供给需求绩效等方法，分析了开发区公共服务设施供给和需求的特点。张京祥、葛志兵等（2012）以常州市教育设施为例，提出城市和乡村不同的设施规模和服务半径。罗竞哲（2010）针对城乡一体化地区公共服务均等化的特殊要求，提出应有

---

① 基于中国国家知识基础设施工程（CNKI）数据库，选取"建筑科学与工程"学科下包括 SCI 或 EI 来源的中文期刊、中文核心期刊、CSSCI 期刊和 CSCD 期刊，检索时间从 1990 年 1 月 至 2024 年 2 月，按主题词搜索，检索式为（社区＋居住区＋基层）*设施，共检索文献 1279 篇。

针对性地研究和制定相应的规划和配建标准。周亚杰、吴唯佳（2012）将北京市中心城区居住空间划分为不同类型，并对不同类型居住空间的公共服务设施水平进行了分析研究。王兴平、胡畔等（2014）从社会分异的视角出发，将南京市主城区划分为不同的社会区，提出设置差异化的配套标准。吴莞姝、杨贵庆（2015）以无锡市为例，对居民日常出行特征进行调查，分析居民日常出行特征与配套公共服务设施规划布局的相关性。张沛、杨欢等（2015）以等级体系、功能结构、空间类型、行为需求等为切入点，构建了新型城镇化导向下基于不同角度的公共服务设施空间模式。任晋锋、吕斌（2012）对北京市西城区的社区公共服务设施进行调研，提出应从使用者的需求出发，根据社区的类型及社区公共服务设施的类型、属性区别制定指标，采用不同的建设方式。张磊、陈蛟（2014）结合常州市新北区社区公共服务设施的发展状况，通过对社区公共服务设施的可达性和公平性评价及满意度评价的分析，提出应改善社区公共服务设施规划编制方式，创新基于居民需求导向的、可实施的规划编制工作方法。胡畔、王兴平等（2013）从居民视角出发，构建包括多样化、便捷性及服务品质三个方面的居民需求体系，并分别针对居民需求中的共性需求与刚性需求、个性需求与弹性需求，提出以小区入住率为标准，制定公共服务设施配置的时间准入门槛。胡畔、张建召（2012）基于主体视角，从规划主体、使用主体与供给主体三方面梳理并审视目前国内外与基本公共服务设施相关的理论研究进展，阐述了以公平与效率的合理协调为中心、以满意度和需求为评价标准的框架核心内涵。冷红、孔凡秋等（2017）从人口结构视角出发，分析了东北三省村镇居民对公共服务设施的使用情况及需求特征。徐雨璇、罗方焓等（2022）通过空间数据和人口数据，分析了深圳市公共服务设施与人口耦合协调度，发现公共服务设施空间布局不够均匀，设施配置滞后于人口发展。吴培培、朱小川等（2023）利用问卷调查和POI数据，分析了上海市公共服务设施的居民需求与供给差异，计算各街镇的功能设施供需匹配效率，发现不同特征居民对公共服务功能设施的需求偏好存在明显差异。

1.3.2 空间分异视角下的公共服务设施配置研究

城市空间分异研究是国外地理学、社会学研究的重要内容，最早可追溯到 20 世纪 20 年代的芝加哥学派，主要包括城市要素的空间分异特征、城市资源的合理配置等。另外，也有学者研究空间分异带来的社会不公平现象，如弱势群体的健康公平（Elaine et al.，2017；Brulle et al.，2006）、绿地公园等公共服务设施获取的公平性（Mclliste et al.，1996；Elena et al.，2015）等。

我国在 20 世纪 90 年代中后期出现城市居住空间分异的现象。与国外相比，我国城市虽然没有出现严重的贫富对立，但也形成了多种形态的居住空间（张旭坤，2019）。学者们开始对其进行研究，并伴随"和谐社会"的提出而逐渐发展（图1.2）。研究范畴可分为对空间分异现象本身的研究，以及对空间分异社会效应与对策的研究。对于前者，吴启焰、冯健、王兴中等学者以北京、上海等城市为例，对城市居住空间的分异特征、形成机制进行了大量的研究（吴启焰，2001；冯健 等，2003；王兴中，2004），并采用因子分析等方法划分城市社会区。例如：冯健、钟奕纯（2018）根据人口普查数据，将 2010 年北京市社会区划分为人口密集且居住拥挤的老城区、人口密度较小且居住面积较大的郊区等六种类型；Gu 等（2005）将北京市的居住空间结构划分为内城高收入区、内城最高密度区、内城高密度区、内城近郊中等密度低收入区等九个社会区。另外，也有学者通过提取住宅属性分析城市分异特征，如陈燕（2014）利用 GIS 提取住宅属性，通过住宅价格、住宅类型、建筑年代、容积率等数据分析南京市主城区和郊区的分异特征。

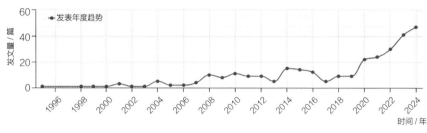

图 1.2　空间分异研究趋势①

　　城市居住空间分异的策略研究主要集中于城市规划与治理层面，包括不同居住环境对居民活动的影响、居民的属性喜好等。一些学者以此为视角，分析公共服务设施的空间分布特征，提出空间优化策略。王娟、杨贵庆（2015、2021）利用第六次全国人口普查数据，选取空间区位、人口密度、户籍结构、年龄结构、收入水平等五项属性对上海城市社区进行划分，并在此基础上选取六类高密度且老龄化社区，基于网络分析法计算设施步行可达性的评价指标，发现不同类型社区间存在明显的设施可达性差异。孙瑜康、袁媛（2014）从社会经济特征、家庭教育观念特征、同龄人交往特征、机构资源特征等四个方面，运用 Logistic 回归分析，研究城市不同邻里对青少年成长的影响。罗吉、陈兆等（2022）识别武汉低收入社区生活圈，并进行分类，研究公共服务设施水平与城市空间结构的关系。罗若愚、刘怡等（2018）通过 GIS 研究分析成都市居住空间结构与分异态势，并将住房与公共服务设施的空间分布进行叠加，分析居住空间分异结构与公共服务设施获取的关系。王兴平、胡畔等（2014）通过对南京市主城区不同社会区公共服务设施配套的空间分布与建设，以及不同类型公共服务设施的空间分布特征进行分析，提出公共服务设施应注重多样性和差异化配置，以协调居民公共服务需求与设施使用效率的关系。方遥、卜凡海等（2022）

---

① 基于 CNKI 数据库，选取"建筑科学与工程"学科下包括 SCI 或 EI 来源的中文期刊、中文核心期刊、CSSCI 期刊和 CSCD 期刊，检索时间从 1995 年 1 月至 2024 年 2 月，按主题词搜索"空间分异""社会分异"相关文献，并删除相关性不强的论文，共检索文献 265 篇。

将社区分为传统街坊式社区、过渡演替式社区、中低收入商品房社区和高收入商品房社区等四种类型，并以居民为主体展开使用需求调查，从规划、建设、管理三个阶段提出不同类型社区公共服务设施的规划实施策略。

1.3.3　公共服务设施的公平性研究

公平、公正地分配公共服务资源是城市规划的核心，公平性研究也是公共服务领域重要的研究内容。国外公共服务设施的空间公平研究始于 20 世纪初，研究内容包括公平性的内涵和影响因素、公平性的评价方法、影响公平性的因素等，研究理念则经历了地域均等、空间公平和社会公平三个阶段（江海燕 等，2011）。早期，公共服务设施的公平性主要通过衡量人均公共服务量，以及采用 GIS 测算公共服务设施的可达性等方式来评价。20 世纪末，西方学界提出重视公共服务中的公民权利和人文主义，学者们结合社会经济因素研究设施分配的公平与公正。例如：Lucy（1981）归纳了公共服务设施公平的五个要素，即平等、需要、需求、偏好、支付意愿；Truelove（1993）认为，公共服务设施的公平性应考虑公民主体所处环境，即水平公平与垂直公平；Erkip（1997）、Kunzmann（1998）、Scott（1996）等学者认为，城市公共服务设施的空间公平是指与居民需求、偏好相关的公共服务设施在空间上的均匀分布，公共服务设施的供给应根据不同社会群体的需求考虑公平性，并应具有针对性。Geertman（1995）、Emily（1998）等学者认为，公共服务设施配置应主要关注社区特殊群体和弱势群体，让弱势群体享受到同等的服务是公平性的重要体现。在公平性的评价方法上，Talen（1998）、Karen（2010）等学者通过定量方法测量公共服务设施可达性与居民社会经济属性之间的关联性及强度，以此反映公平性。Tello 等（2005）基于普查单元人口数据构建社会经济地位（SES）指数，研究社会经济剥夺与精神医疗服务使用之间的关系。

国内学者对公共服务设施的公平性研究开始于 20 世纪末（图 1.3），初期主要以教育、医疗设施为对象，以 GIS 为工具，对公共服务设施的可达性进行测量（尹海伟 等，2009）。2010 年以后，公共服务设施的研究开始关注社会因素，对公平性的评价也逐渐增加了社会经济因素。主要的方法有基尼系数、区位熵、社会经济地位（socio-economic status，SES）指数等。

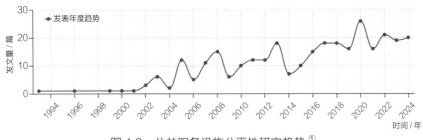

图 1.3　公共服务设施公平性研究趋势[①]

江海燕、周春山等（2010）采用 GIS 网络分析与缓冲区分析法研究公园绿地的服务水平和社会公平性，表明公园绿地类别及总体服务水平均较低且差异显著，进一步结合街道人口的 SES 指数，得出"SES 指数越高，则公园服务水平越高"的结论。唐子来、顾姝（2015）以上海市中心城区公共绿地分布为例，采用基尼系数进行社会公平绩效的总体评价，并通过洛伦兹曲线反映公共绿地资源分布的地域公平和社会公平并不一致。王兰、周楷宸（2019）以上海市中心城区为研究范围，采用基尼系数，从设施空间可达性和供应量两方面对社区体育设施的分布进行公平绩效的定量评价。王兰、周楷宸等（2021）采用基尼系数和洛伦兹曲线，比较分析上海市中心城区多种类型社区养老设施的空间分布公平性。刘艳艳、王泽宏（2020）通过城市公园供给评价指标和街道社会经济特征指标，分析城市公园供给的社会公平性。余珮珩、陈奕云等（2021）结合路网修正高斯两步移动搜索法，评估武汉市主城区综合医院的可达性，分析包含未成年人

---

① 基于 CNKI 数据库，选取"建筑科学与工程"学科下包括 SCI 或 EI 来源的中文期刊、中文核心期刊、CSSCI 期刊和 CSCD 期刊，检索时间从 1993 年 1 月至 2024 年 2 月，按主题词搜索"公平"相关文献，并删除相关性不强的论文，共检索文献 290 篇。

群、老年人群在内的不同年龄结构人群的空间可达性公平情况。黄玖菊、林伊婷等（2022）以深圳市为例，以城中村、保障房、商品房居民划分社会群体，利用改进的高斯两步移动搜索法，计算公园绿地可达性的社会公平情况。黄经南、朱恺易（2021）以武汉市中心城区为例，以街坊为基本单元，利用 POI 数据，分析武汉市的生活服务设施、教育设施、医疗设施等空间分布的基尼系数和区位熵，归纳出对公平性影响较大的三类典型区域。余思奇、朱喜钢等（2020）以南京市中心城区为例，应用 GIS 网络分析方法，以"10 分钟步行生活圈"为指标，从居住小区层面评价城市公园绿地的可达性，并利用居民住房的属性特征进行公平性评价。金荷仙、何格等（2022）根据差异化的公园服务体系与精细化的人口热力数据，建立多模式的高斯两步移动搜索模型，结合双变量局部空间分析方法，研究杭州市城市公园绿地布局的可达性与合理性。

另外，也有学者从不同社会阶层、不同社会区的特征出发，研究公共服务设施的公平性问题。毕波、林文棋等（2017）以北京市为例，采用因子分析法分析 2010 年街道人口普查数据，并利用 2011 年中小学数据构建街道中小学服务指标，包括就学率、可达性等，分析其与社会空间分异因子得分的相关性。张志斌、陈龙等（2021）以兰州市为例，运用分层聚类分析将居住小区划分为不同的社会阶层，研究不同阶层内公共服务设施的空间可接近性和社会公正性。

总体而言，公共服务设施的研究视角从"物"转向"人"，多种居住形态下的公共服务设施配置或各类居民群体的社会经济特征及需求等方面的研究成果逐渐增加，并成为研究的热点。由于我国大城市社会空间结构复杂、居民需求多样，目前的研究仍以案例研究为主，如何根据需求偏好开展公共服务设施多目标决策仍是持续争论的话题（湛东升 等，2019），而公共服务设施与人群属性、需求特征和资源环境之间的协调互动也是未来发展的重点。

公平、公正是公共服务设施配置的核心目标，目前关于公共服务设施空间公平性的研究逐渐增加，方法也逐渐多元化。早期公共服务设施公平性研究主要集中于空间公平，可达性评价是核心内容，即研究设施的空间位置及其联系。近年来，结合人口分布和人群活动的社会公平性研究呈明显上升趋势。与地域空间均等研究不同，社会公平性研究更加关注人的需求，研究公共服务设施在不同区域及不同居住人群之间如何公平分配，并重点考虑老年人、儿童、残障人士等弱势群体的需求。以此为目的，对于公共服务设施服务水平和公平性的评价不再局限于传统的可达性研究，而是增加了设施规模、数量、空间可达性与居民社会经济属性的关联，并通过 SES 指数、基尼系数、洛伦兹曲线等方法评价公共服务设施的社会绩效。但由于研究区域、空间尺度、设施类型及公平性测度的方法不同，研究尚未形成统一定论，仍是急需探讨的学术问题（图 1.4）。

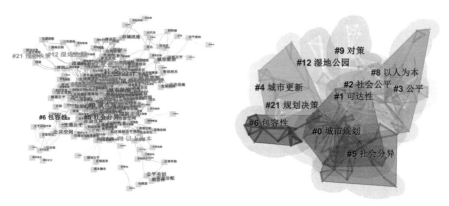

图 1.4　公平性研究关键词及聚类分析[①]

① 利用 Citespace 软件对上述 290 篇文献进行可视化分析。左图为关键词分析，字体大小表示关键词出现频次，右图为关键词聚类分析，共形成可达性、社会公平、社会分异、包容性等聚类。

第2章 我国基层公共服务设施配置的发展演变及现状

我国居住区规划实践始于 20 世纪 50 年代后期，采用类似"邻里单位"的模式作为城市居住用地的基本单元，之后逐渐形成"居住区—居住小区—居住组团"的分级建设模式。其中，为各级居住用地配建公共服务设施一直是城市规划的一项重要职责。

2.1 我国城市居住区公共服务设施配置的发展演变

2.1.1 早期相关规定

我国最早出台的关于居住区公共服务设施配套的文件是 1964 年原国家经济发展委员会颁布的《居住区公共服务设施定额指标》，此标准在对全国居住区建设现状调研的基础上，对公共服务配套内容提出了建设性意见。1980 年，在开展大规模居住区建设的背景下，原国家建设委员会颁布了《城市规划定额指标暂行规定》（表 2.1、表 2.2）。规定将城市居住空间划分为居住区和小区两级，居住区人口规模一般为 4 万～5 万人，小区人口规模为 1 万人左右，并规定了卫生、文体、教育等设施的相应配套标准。其中，居住区级公共建筑定额规定居民人均建筑面积为 0.61～0.73 m^2，居民人均用地面积为 1.5～2.0 m^2；小区级公共建筑定额规定居民人均建筑面积为 1.00～1.45 m^2，居民人均用地面积为 3.5～5.0 m^2。这是首次采用"定项"和"定量"相结合的方式规范配套设施的建设（王丽娟，2014），并提出了"一般规模"和"千人指标"两类控制指标。此后，根据人口规模，按照公共服务设施的功能类型进行分级配建，成为我国城市居住区公共服务设施规划的核心方式，公共服务设施的配套建设也形成了体系化和规范化的标准。但是，此规定并没有将商业设施纳入控制范围。1985年，建设部（现住房和城乡建设部）"居住区详细规划课题组"编写了《居住区规划设计》，将居住空间进一步细化至组团级，并将商业、服务业设施纳入控制范围。

表 2.1　居住区级公共建筑定额规定[①]

指标项目		每处一般规模		千人指标		备注
		建筑面积 /m²	用地面积 /m²	建筑面积 /m²	用地面积 /m²	
卫生	医院	12 900 ～ 13 500	2 400	129 ～ 169	240 ～ 300	综合性医院，两个居住区设置1处，300个病床，每日门诊900人次
	门诊所	1 800	2 700	18.0 ～ 22.5	27.0 ～ 33.8	综合性门诊所，每日门诊600 ～ 700人次，两个居住区设置1处，即两个居住区，一个设医院，一个设门诊所
	小计	—	—	147.0 ～ 191.5	267.0 ～ 333.8	—
文体	电影院			56 ～ 72	90 ～ 114	设简易舞台,4万人设1500座,5万人设1800座。分设2处时，每处 700 ～ 1 000座
	科技文化馆	2 500 ～ 3 000	不大于 5 000	60.0 ～ 62.5	—	共 740 ～ 980座，包括图书馆、礼堂、电视大学及夜校等。近期保留用地
	青少年之家	800 ～ 1 000	2 400 ～ 3 000	20	60	可同时容纳240 ～ 300人活动
	运动场	—	4 000 ～ 10 000	—	200 ～ 300	2 处用地面积共 8 000 ～ 15 000 m²
	小计	—	—	136.0 ～ 154.5	—	—

表 2.2　小区级公共建筑定额规定

指标项目		每处一般规模		千人指标		备注
		建筑面积 /m²	用地面积 /m²	建筑面积 /m²	用地面积 /m²	
文体	运动场	—	2 000 ～ 3 000	—	200 ～ 300	—
其他	防疫站	160 ～ 200	320 ～ 400	4	8	—

---

① 本章主要选取医疗、养老、文化、体育等设施。

2.1.2 《城市居住区规划设计规范》的颁布与修订

1.《城市居住区规划设计规范》的颁布

20 世纪 90 年代，我国城市化进程逐渐加快，城市住房商品化趋势日渐明朗。在此背景下，建设部（现住房和城乡建设部）参照 1980 年的指标体系，编制了《城市居住区规划设计规范》（GB 50180—93）。这是专门针对居住区规划设计的统一性的技术规范，为我国基层公共服务设施的配套建设提供了国家标准和依据。与早期规定相比，该规范调整了居住空间分级，建立了完整的公共服务设施分类体系，综合采用千人指标、每处一般规模、服务半径等指标，控制各类设施的规模和空间布局（表 2.3、表 2.4）。

根据规范，城市居住空间分为居住区（3 万～ 5 万人）、小区（0.7 万～ 1.5 万人）和组团（0.1 万～ 0.3 万人）三级，各级居住空间需要配建相应的公共服务设施。居住区公共服务设施（也称配套公建）包括教育、医疗卫生、文化体育、商业服务、金融邮电、市政公用、行政管理和其他八类设施，分别采用以下方式进行管控：①以千人指标规范居住区、小区和组团三级居住空间需配套建设的公共服务设施总量，以及教育、医疗等七类设施的总量。千人指标代表每千个居民所需设施的建筑面积和用地面积，与《城市规划定额指标暂行规定》相比，由于设施种类增多，不再详细规定每类设施项目的千人指标，起到总体控制的作用。②明确居住区、小区和组团三级居住空间需要配建的公共服务设施项目。③规定各类公共服务设施项目的每处一般规模，明确项目的建筑面积或用地面积。④对部分公共服务设施的服务范围进行更详细的规定，如对托儿所、幼儿园、小学、中学等规定了服务半径的要求。⑤对公共服务设施的规划布局提出要求，并特别提出公共设施应相对集中布局，形成各级公共活动中心。

表2.3　各类公共服务设施千人指标

单位：m²

类别		居住区		小区		组团	
		建筑面积	用地面积	建筑面积	用地面积	建筑面积	用地面积
总用地指标		1 605～2 700	2 065～4 680	1 176～2 102	1 282～3 334	363～854	502～1 070
其中	教育	600～1 200	1 000～2 400	600～1 200	1 000～2 400	160～400	300～500
	医疗卫生	60～80	100～190	20～80	40～190	6～20	12～40
	文体	100～200	200～600	20～30	40～60	18～24	40～60
	商业服务	700～910	600～940	450～570	100～600	150～370	100～400
	金融邮电	20～30	25～50	16～22	22～34	—	—
	市政公用	40～130	70～300	30～120	50～80	9～10	20～30
	行政管理	85～150	70～200	40～80	30～100	20～30	30～40

表2.4　具体设施项目的配置规定

类别	项目名称	服务内容	每处一般规模/m²		配置层级
			建筑面积	用地面积	
医疗卫生	医院（200～300床）	设置综合性科室和住院部	12 000～18 000	15 000～25 000	居住区
	门诊所	儿科、内科、妇幼与老年保健	2 000～3 000	3 000～5 000	居住区/小区
	卫生站	防疫、保健、就近打针	30	—	组团
文化体育	文化活动中心	小型图书馆、科普知识宣传与教育；影视厅、舞厅、游艺厅、球类及棋类活动室；科技活动室、各类艺术训练班等	4 000～6 000	8 000～12 000	居住区
	文化活动站	书报阅览、书画、文娱、健身、音乐欣赏、茶座等，主要供青少年和老年人活动	150～300	—	小区/组团
	居民运动场馆	健身场地	—	10 000～15 000	居住区

2.《城市居住区规划设计规范》的相关修订

2000年，随着我国住房体制改革的深化，为适应国家经济社会发展、居民居住水平的提高，以及住宅市场化的逐步完善，中国城市规划设计研究院会同有关单位对 1993 年颁布的《城市居住区规划设计规范》进行了局部修订,形成了 2002 年版规范。2002 年版规范将居住小区规模提升到 1.0 万～1.5 万人,并增加了公共服务设施类型,调整了相关指标(表 2.5、表 2.6)。例如:为了适应 20 世纪 90 年代我国城市社区建设的推进,公共服务设施中增加了社区服务类别,包括社区服务中心、养老院、托老所、残疾人托养所、居委会等项目;医疗卫生类别中增加了护理院,为健康状况较差或恢复期的老年人提供日常护理服务,千人指标总量也有所增加;文化体育类别中增加了居民健身设施,如小型球类场地、儿童及老年人的活动场地等,千人指标总量也相应增加。同时,2002 年版规范进一步明确了公共服务设施应根据不同项目的使用性质和居住区的规划组织结构,采用相对集中与适当分散相结合的方式进行布局,形成各级公共服务中心。

　　2013 年,为配合海绵城市建设工作,根据住房和城乡建设部《关于请组织开展城市排水相关标准制修订工作的函》,2002 年版规范针对低影响开发再次进行局部修订,主要对地下空间使用、绿地与绿化、道路、竖向等技术内容进行了局部增补和修改,形成了 2016 年版规范。此版规范在居住用地分级、公共服务设施分类及指标规定等方面未发生明显变化。

表 2.5　各类公共服务设施千人指标

单位：m^2

设施类别		居住区		小区		组团	
		建筑面积	用地面积	建筑面积	用地面积	建筑面积	用地面积
总用地指标		1 668～3 293 (2 228～4 213)	2 172～5 559 (2 762～6 329)	968～2 397 (1 338～2 977)	1 091～3 835 (1 491～4 585)	362～856 (703～1 356)	488～1 058 (868～1 578)
其中	医疗卫生 (含医院)	78～198 (178～398)	138～378 (298～548)	38～98	78～228	6～20	12～40
	文化体育	125～245	225～645	45～75	65～105	18～24	40～60
	社区服务	59～464	76～668	59～292	76～328	19～32	16～28

表2.6 具体设施项目的配置规定

类别	项目名称	服务内容	配置规定	每处一般规模 /m²		配置层级
				建筑面积	用地面积	
医疗卫生	医院	含社区卫生服务中心	10万人左右应设置一所300～400个床位的医院	12 000～18 000	15 000～25 000	居住区
	门诊所	社区卫生服务中心	3万～5万人设置1处	2 000～3 000	3 000～5 000	居住区
	卫生站	社区卫生服务站	1.0万～1.5万人设置1处	300	500	小区
	护理院	健康状况较差或恢复期老年人日常护理	最佳规模为100～150个床位，每个床位建筑面积不小于30 m²，可与社区卫生服务中心合设	3 000～45 000	—	居住区
文化体育	文化活动中心	小型图书馆、科普知识宣传与教育；影视厅、舞厅、游艺厅；球类、棋类活动室；科技活动室、各类艺术训练班，以及青少年和老年人学习活动场地、用房等	—	4 000～6 000	8 000～12 000	居住区
	文化活动站	书报阅览、书画、文娱、健身、音乐欣赏、茶座等，主要供青少年和老年人活动	—	400～600	400～600	小区
	居民运动场馆	健身场地	—	—	10 000～15 000	居住区
	居民健身设施	篮球、排球及小型球类场地，儿童及老年人活动场地和其他简单运动设施等	—	—	—	小区／组团
社区服务	社区服务中心	家政服务、就业指导、中介、咨询服务、代客订票、部分老年人服务设施等	每小区设置1处，居住区也可合并设置	200～300	300～500	小区
	养老院	老年人全托式护理服务	一般规模为150～200个床位，每个床位建筑面积不小于400 m²	—	—	居住区
	托老所	老年人日托（餐饮、文娱、健身、医疗保健等）	一般规模为30～50个床位，每个床位建筑面积不小于20 m²	—	—	小区
	残疾人托养所	残疾人全托式护理	—	—	—	居住区

总体而言，伴随城市居住用地的大规模开发，我国在居住区规划设计方面逐渐探索出一套规划理论和设计体系，而基层公共服务设施的配置是配合居住区建设而来的，理论研究相对缺乏。在计划经济时期，我国的城市规划借鉴了苏联的规划方法，定量、统一的资源配置是城市规划的重点。在基层公共服务设施的建设上，城市规划也同样借鉴了定额指标的方式。这一时期，我国城市基层社会是以"单位制"为主、以基层地区管理（街道和居委会）为辅的管理体制（何海兵，2003），各单位社区的群体之间具有一定程度的均质性。同时，由于当时经济发展水平较低，居民的需求层次也不高，因此这种统一的配套规定能够有效解决居民的基本需求，保证基本的居住生活质量（赵民 等，2002）。改革开放之后，政治经济体制的变化使城市规划的建设和实施成为一个开放的体系，城市土地使用权的市场化和住房体制改革打破了居住区和工作单位的关联，居住用途从生产中剥离出来，成为独立的空间，房地产市场成为居住区建设的主体。在这样的背景下，居住区的配套规定更注重规范市场行为，保障居民基本的公共权益。虽然这种以千人指标为核心的配套体系存在适应性和灵活性不足的问题，但是在公共服务设施的公平配置方面仍然起到重要的作用。

2.1.3 现行的规划技术标准

1.《城市居住区规划设计标准》

2000 年以后，我国经济社会建设发生了巨大的变化，城市高速发展，城市人口增长显著，居住区开发建设模式更加多元化，城市居住空间呈现明显的多样性，居民对公共服务的需求也逐步提升。为了适应经济社会发展的多样性需求，以及政府职能转变对配套公共服务设施提出的新要求，2018 年住房和城乡建设部颁布了《城市居住区规划设计标准》，对居住区的分级体系及公共服务设施的配置指标进行了更新。

（1）居住区的分级体系。首先，标准重新调整了居住区的分级方法，以居民能够在步行范围内满足基本生活需求为划分原则，将城市居住空间分为居住街坊、5分钟生活圈居住区、10分钟生活圈居住区和15分钟生活圈居住区四个层级。其中，15分钟生活圈居住区是指以居民步行15分钟（步行距离800～1 000 m）可满足其物质与文化生活需求为原则划分的居住区范围，一般由城市干路或用地边界线所围合，居住人口为50 000～100 000人；10分钟生活圈居住区是指以居民步行10分钟（步行距离500 m）可满足其基本物质与文化生活需求为原则划分的居住区范围，一般由城市干路、支路或用地边界线所围合，居住人口为15 000～25 000人；5分钟生活圈居住区是指以居民步行5分钟（步行距离300 m）可满足其基本生活需求为原则划分的居住区范围，一般由支路及以上城市道路或用地边界线所围合，居住人口为5 000～12 000人（表2.7）。

表2.7　居住区分级控制规模

规模与距离	15分钟生活圈居住区	10分钟生活圈居住区	5分钟生活圈居住区	居住街坊
步行距离/m	800～1 000	500	300	—
居住人口/人	50 000～100 000	15 000～25 000	5 000～12 000	1 000～3 000
住宅数量/套	17 000～32 000	5 000～8 000	1 500～4 000	300～1 000

（2）公共服务设施的配置指标。在公共服务设施的分类方面，标准改变了传统单纯以功能进行分类的方式，综合步行距离并衔接《城市用地分类与规划建设用地标准》（GB 50137—2011），将公共服务设施分为公共管理和公共服务设施、交通场站设施、商业服务业设施、社区服务设施和便民服务设施等类型。前三项对应城市用地分类标准中的A类、S类和B类用地，在15分钟生活圈和10分钟生活圈两个层级内配置，并满足相

应的步行要求。其中，公共管理和公共服务设施包括中小学、体育馆、卫生服务中心、养老院、社区服务中心等；商业服务业设施包括商场、菜市场、餐饮设施等。后两项则属于居住用地的范畴，对应居住用地中的服务设施用地，在 5 分钟生活圈和居住街坊两个层级配置，同时满足相应的步行要求。其中，5 分钟生活圈对应城市基层社区，以日常生活使用频率较高的社区服务设施为主，如社区服务站、文化活动站、幼儿园、老年人日间照料中心等。居住街坊层级的设施一般为本街坊居民服务，主要是小型便民生活设施，如物业管理、健身场地、便利店等。

在控制方式上，公共服务设施仍采用分级配置的办法，根据各层级居住空间的人口规模，以千人指标的方式进行管控（表 2.8）。同时，标准对各类公共服务设施的一般规模、服务半径也进行了详细的规定（表 2.9）。

表 2.8　各类公共服务设施千人指标

单位：m^2

类别		15 分钟生活圈居住区		10 分钟生活圈居住区		5 分钟生活圈居住区		居住街坊	
		用地面积	建筑面积	用地面积	建筑面积	用地面积	建筑面积	用地面积	建筑面积
总用地指标		1 600～2 910	1 450～1 830	1 980～2 660	1 050～1 270	1 710～2 210	1 070～1 820	50～150	80～90
其中	公共管理与公共服务设施（A类）	1 250～2 360	1 130～1 380	1 890～2 340	730～810	—	—	—	—
	交通场站设施（S类）	—	—	70～80	—	—	—	—	—
	商业服务业设施B类	350～550	320～450	20～240	320～460	—	—	—	—
	社区服务设施（R12、R22、R32）	—	—	—	—	1 710～2 210	1 070～1 820	—	—
	便民服务设施（R11、R21、R31）	—	—	—	—	—	—	50～150	80～90

表 2.9　具体设施项目配置规定

分类	设施名称	服务内容	一般规模 /m²		服务半径	配置层级
			建筑面积	用地面积		
公共管理和公共服务设施	体育场（馆）或全民健身中心	具备多种健身设施、专用于开展体育健身活动	2 000 ～ 5 000	1 200 ～ 15 000	不宜大于 1 000 m	15 分钟生活圈
	大型多功能运动场地	多功能运动场地或同等规模的球类场地	—	3 150 ～ 5 620	不宜大于 1 000 m	15 分钟生活圈
	中型多功能运动场地	多功能运动场地或同等规模的球类场地	—	1 310 ～ 2 460	不宜大于 500 m	10 分钟生活圈
	社区卫生服务中心	预防、医疗、保健、康复、健康教育、计生等	1 700 ～ 2 000	1 420 ～ 2 860	不宜大于 1 000 m	15 分钟生活圈
	养老院	对自理、介助和介护老年人给予生活起居、餐饮服务、医疗保健、文化娱乐等综合服务	7 500 ～ 17 500	3 500 ～ 22 000	—	15 分钟生活圈
	老年人养护院	对介助和介护老年人给予生活护理、医疗保健、康复娱乐、心理疏导、临终关怀等服务	3 500 ～ 17 500	1 750 ～ 22 000	—	15 分钟生活圈
	文化活动中心（含青少年活动中心、老年活动中心）	图书阅读、科普知识宣传与教育、影视厅、棋类活动室、科技与艺术等活动场地	3 000 ～ 6 000	3 000 ～ 12 000	不宜大于 1 000 m	15 分钟生活圈
社区服务设施	文化活动站	书报阅览、书画、文娱、健身、音乐欣赏、茶座等，可供青少年和老年人活动	250 ～ 1 200	—	不宜大于 500 m	5 分钟生活圈
	小型多功能运动（球类）场地	小型多功能运动场地或同等规模的球类场地	—	770 ～ 1 310	不宜大于 300 m	5 分钟生活圈
	室外综合健身场地（含老年人户外活动场地）	健身场所（含广场舞场地）	—	150 ～ 750	不宜大于 300 m	5 分钟生活圈
	老年人日间照料中心（托老所）	老年人日托服务，包括餐饮、文娱、健身、医疗保健等	350 ～ 750	—	不宜大于 300 m	5 分钟生活圈
	社区卫生服务站	预防、医疗、计生等服务	120 ～ 270	—	不宜大于 300 m	5 分钟生活圈
便民服务设施	儿童、老年人活动场地	儿童活动场地、老年人休憩场地	—	170 ～ 450		居住街坊

（3）规划布局。公共服务设施的规划布局仍然强调集中和分散兼顾、独立和混合使用并重的原则，形成各级公共服务中心。在 15 分钟生活圈中，可将文化活动中心、社区服务中心等联合建设为街道综合服务中心，用地面积不小于 1.0 hm^2。在 5 分钟生活圈中，可将社区服务站、文化活动站、老年人日间照料中心、社区卫生服务站、商业设施等集中布局，形成社区综合服务中心，用地面积不小于 0.3 hm^2。

（4）特征。对照原《城市居住区规划设计规范》，现行的《城市居住区规划设计标准》有以下特征：①引入"社区生活圈"理念，以居民日常生活需求为基础，将步行可达性提升到重要高度。新标准改变了早期单纯以人口规模划分居住空间的方式，结合居民日常出行时间和范围确定居住等级。与此相配合，各类设施均有明确的服务半径和步行可达时间。生活圈理念起源于 20 世纪 60 年代的日本，在亚洲其他国家和地区也有应用。生活圈的空间尺度涵盖多个层面，其中社区生活圈以社区为中心，是居民开展日常学习、休闲、购物、通勤及社会交往等多种活动所构成的空间范围。生活圈的本质是研究居民日常行为与空间规划的关系，将此理念引入公共服务设施的空间配置，更有助于明确设施供给与居民真实需求是否匹配。我国对生活圈的研究在 2010 年逐渐起步，2016 年之后呈明显上升趋势，至今已成为一个重要的研究领域，国内诸多学者对生活圈的构成、空间范围及规划进行了深入研究。在此背景下，新版《城市居住区规划设计标准》借鉴了生活圈的划分方式，并确定公共服务设施的分级配置模式。②原规范对城市居住区的划分与城市基层管理体制的关系界定不够明确，而新版标准兼顾了各级管理机构的管辖范围。街道办事处的管辖范围可对应 15 分钟生活圈，居委会的管辖范围可对应 5 分钟生活圈。③在空间布局上仍强调同级设施的集中复合布局，15 分钟生活圈主要配套设施可集中形成街道公共服务中心，5 分钟生活圈主要配套设施可集中形成社区公共服务中心。

2.《社区生活圈规划技术指南》

2021 年 6 月，自然资源部印发《社区生活圈规划技术指南》（TD/T 1062—2021），在《城市居住区规划设计标准》的基础上，加入乡村社区生活圈，并进一步提出了社区生活圈规划的总体原则、城镇社区生活圈及乡村社区生活圈的规划指引、差异引导和实施要求等内容。《社区生活圈规划技术指南》提出，社区生活圈是在适宜的日常步行范围内，满足居民全生命周期工作与生活等各类需求的基本单元，融合"宜业、宜居、宜游、宜养、宜学"多元功能，包括 15 分钟社区生活圈和 5～10 分钟社区生活圈两个层级。15 分钟层级对应城市街道，5～10 分钟层级对应居委会社区服务范围，重点满足老年人和儿童的使用需求。为保障社区生活圈的有序运行，公共服务设施被分为健康管理、为老服务、终身教育、文化活动、体育健身、商业服务、行政管理和其他（主要是市政设施）八类，并按照配置要求分为基础保障型、品质提升型和特色引导型三种类型，同时还特别提出将公共安全服务设施建设为 15 分钟防灾圈和 5～10 分钟防灾圈。每类项目通过每处一般规模、服务半径等进行管控，并在项目选址、空间设计方面提出品质性要求（表 2.10、表 2.11、表 2.12）。

表 2.10　城镇社区生活圈社区服务类设施（基本保障型）配置规定

分类	名称	服务内容	规模性指标	覆盖性指标	效率性指标	品质性指标	配置层级
			每处一般规模 /m²	服务半径 /m			
健康管理	卫生服务中心	预防、医疗、保健、康复、健康教育等	1 700～2 000（建筑面积）1 420～2 860（用地面积）	1 000	宜独立占地	一般结合街道办事处设置	15 分钟
	门诊部	—	—	1 000	可综合设置	宜设置于交通方便地段	15 分钟

续表

分类	名称	服务内容	规模性指标	覆盖性指标	效率性指标	品质性指标	配置层级
			每处一般规模 /m²	服务半径 /m			
为老服务	养老院	对自理、介助和介护老年人给予生活起居、餐饮服务、医疗保健、文化娱乐等综合服务	7 000 ～ 17 500（建筑面积）3 500 ～ 22 000（用地面积）一般规模宜为200 ～ 500 床	—	宜独立占地	宜邻近社区卫生服务中心及公共服务中心	15 分钟
	老年养护院	对介助和介护老年人给予生活起居、餐饮服务、医疗保健、康复娱乐、心理疏导、临终关怀等服务	3 500 ～ 17 500（建筑面积）1 750 ～ 20 000（用地面积）一般中型规模为100 ～ 500 床	—	宜独立占地	宜邻近社区卫生服务中心及公共服务中心	15 分钟
	老年人日间照料中心（托老所）	老年人日托服务，包括餐饮、文娱、健身、医疗保健等	350 ～ 1 750（建筑面积）	300	可综合设置	—	5 ～ 10 分钟
文化活动	文化活动中心（含青少年、老年人活动中心）	开展图书阅读、科普知识宣传与教育、影视观看、科技与艺术活动等	3 000 ～ 6 000（建筑面积）3 000 ～ 12 000（用地面积）	1 000	可综合设置	宜结合或靠近绿地	15 分钟
	文化活动站（含青少年、老年人活动站）	书报阅读、文娱、健身等，可供青少年和老年人活动的场所	250 ～ 1 200（建筑面积）	500	可综合设置	宜结合或靠近绿地	5 ～ 10 分钟
体育健身	大型多功能运动场地	多功能运动场地或同等规模的球类场地	3 150 ～ 5 620（用地面积）	500	宜独立占地	宜结合绿地等公共空间	15 分钟
	中型多功能运动场地	多功能运动场地或同等规模的球类场地	1 310 ～ 2 460（用地面积）	500	宜独立占地	宜结合绿地等公共空间	5 ～ 10 分钟
	小型多功能运动场地	小型多功能运动场地或同等规模的球类场地	770 ～ 1 310（用地面积）	300	宜独立占地	—	5 ～ 10 分钟
	室外综合健身场地（含老年户外活动场地）	健身场所（含广场舞场地）	150 ～ 750（用地面积）	300	宜独立占地	—	5 ～ 10 分钟

表 2.11　城镇社区生活圈社区服务类设施（品质提升型）配置规定

分类	名称	服务内容	规模性指标 每处一般规模 / m²	覆盖性指标 服务半径 / m	效率性指标	品质性指标	配置层级
健康管理	工疗、康体服务中心	精神疾病工疗、残疾儿童寄托、残疾人康复活动、康体服务等	800（建筑面积）	1 000	可综合设置	—	15 分钟
	社区卫生服务站	预防、医疗、计生等服务	120～270（建筑面积）	300	可综合设置	—	5～10 分钟
为老服务	综合为老服务中心	老年人生活照料、精神慰藉、健康管理、医疗护理、文教体娱等	1 000（建筑面积）	1 000	可综合设置	宜邻近卫生服务站	15 分钟
终身教育	学龄儿童养育托管中心	面向学龄儿童的课后托管、教育辅导等	200（建筑面积）	1 000	可综合设置	宜邻近住宅区和儿童游乐活动场所	15 分钟
	托儿所	服务 3 周岁及以下婴幼儿	—	300	可综合设置	—	5～10 分钟
文化活动	文化广场	开展表演、聚会、展示等活动	1 000～3 000（用地面积）	—	综合设置	宜结合公共绿地、商业文化建筑、社区中心等	15 分钟
	文化展示馆	历史文化宣传及教育等，可兼兴趣培养、技能辅导等	800～2 000（建筑面积）	—	可综合设置	—	15 分钟
体育健身	体育馆（场）或全民健身中心	具备多种健身设施，用于开展体育健身活动的综合场馆	2 000～5 000（建筑面积）1 200～15 000（用地面积）	1 000	可综合设置	—	15 分钟
	小型体育公园	提供特色体育项目	—	—	可综合设置	宜结合绿地、公园	15 分钟
	健身步道	进行散步、健步走、跑步等活动	—	300	可综合设置	宜结合绿地、公园	5～10 分钟

表 2.12　城镇社区生活圈公共安全服务要素配置要求

防灾圈层级	要素分类	要素细分	空间载体	配置要求
15 分钟防灾圈	避难场所	固定避难场所	体育场（含中小学校操场）、公园绿地、地下人防空间	服务半径不宜大于 2 000 m，用地面积为 0.2～1.0 hm²
	应急通道	主要救灾道路	连接医疗中心、救灾指挥中心、物资集散中心的道路	有效宽度大于 15 m
		紧急救灾道路	保证大型救灾机械通行、救援活动开展的城市道路	有效宽度为 7～14 m
	防灾设施	医疗设施	社区卫生服务中心、专科医院、综合医院	—
		防灾指挥设施	结合街道办事处	各街道设置 1 处
		物资保障设施	社区应急物资储备分发场地，应急物资存储仓库	存储仓库面积按每人 0.12～0.15 m² 设置
5～10 分钟防灾圈	避难场所	紧急避难场所	社区游园、小广场、街头绿地、小区集中绿地	服务半径不宜大于 500 m，人均避难面积不宜小于 0.8 m²
	应急通道	紧急避难道路	可疏散转移的城市支路、公共通道等	有效宽度为 4～7 m
	防灾设施	医疗设施	卫生服务站	服务半径不宜大于 500 m，建筑面积不宜小于 120 m²
		消防设施	微型消防站	保证 5～10 分钟可达

2.2 我国基层公共服务设施配置的地方性规定

与国家性的《城市居住区规划设计标准》相对应，各城市也出台了地方性的配置标准和文件。由于我国各城市的用地规模、人口结构、经济发展水平、文化习俗等存在一定的差异，因此地方城市多以国家标准为基础，根据城市的特点，在居住空间划分、分级配套及具体建设指标等方面进行适应性的调整，并提出更加详细的规定。

2.2.1 北京市基层公共服务设施配置规定

北京市基层公共服务设施配置规定主要参照 2015 年北京市政府颁布的《北京市居住公共服务设施配置指标》和《北京市居住公共服务设施配置指标实施意见》。文件用于指导北京市历史文化街区以外的城镇地区，居住人口 5 万人（含）以下的新建、改建、扩建等各类居住区的公共服务设施建设。在分级配套方面，北京市将公共服务设施分为"建设项目—社区—街区"三级指标体系，三个层级互不包含。公共服务设施共分为6类52项，包括社区综合管理服务类、交通类、市政公用类、教育类、医疗卫生类和商业服务类，52项设施分别纳入三级指标体系中。其中，建设项目是指按立项文件确定的规模小于1 000户的住宅类项目。建设项目级配套设施共18项，是建设项目必备的基础性设施，如便利店、物业用房、室外运动场地等。社区是指经过社区体制改革后进行规模调整的社区居民委员会管辖范围，居住人口规模一般为1 000～3 000户（每户按2.45人的标准）。社区级配套设施共12项，包括幼儿园、托老所、社区卫生服务站、老年活动站等。街区是指中心城及新城规划中依据城市主次干道等界线，将城市集中建设区划分为若干区域，作为进一步细化到地块的控规编制和控规局部调整的最小研究范围和城市建设管理的基本单位，每个街区的规模为2～3 km^2。街区级配套设施22项，是多个社区共同使用的、较大型的街区级配套设施，大部分需要独立占地，如中小学、卫生服务中心、社区文化设施、机构养老设施等。在设施项目的控制方面，该指标比国家标准更加明确，规定了每类项目的千人指标（包括用地面积和建筑面积）、服务人口和最小规模（或一般规模）（表2.13）。

在基本公共服务体系的建设方面，北京市还提出了"一刻钟社区服务圈"的概念。"一刻钟社区服务圈"始创于朝阳区，是指社区居民从居住地出发，在步行15分钟范围内，能够享受到方便、快捷、舒适的社区服务。2011年，《北京市"十二五"时期社会建设规划纲要》提出推进"一刻钟社区服务圈"建设，逐步实现城乡社区基本公共服务全覆盖。2017年，北京市政府颁布的新版《北京城市总体规划（2016年—2035年）》也将"一刻钟社区服务圈覆盖率"纳入指标体系，提出至2035年基本实现城乡社区全覆盖。因此，在公共服务设施的空间布局上，《北京市居住公共服务设施配置指标》提出遵循以15分钟步行距离为服务半径的原则，以52项设施保障"一刻钟社区服务圈"。

此外，对于部分类型的公共服务建设，相关部门还会颁布更具针对性的文件。例如，在基层文化设施的建设方面，北京市政府于 2015 年颁布了《北京市人民政府关于进一步加强基层公共文化建设的意见》《首都公共文化服务示范区创建方案》《北京市基层公共文化设施建设标准》《北京市基层公共文化设施服务规范》，简称"1+3"公共文化政策文件。文件指出，要以 15 分钟步行距离为服务半径，统筹设置基层文化设施，完善公共文化设施网络体系。在医疗、体育、养老等领域，相关部门也会出台相应的规范文件。

表 2.13　《北京市居住公共服务设施配置指标》相关规定

分类	名称	服务内容	千人指标 /m²		每处最小规模（一般规模）/m²		服务规模/ 万人	配置层级
			建筑面积	用地面积	建筑面积	用地面积		
社区综合管理服务	室外运动场地	各类运动场	—	250～300	—	200	0.1～0.5	建设项目级
	托老所	提供不少于 10 张的日间照料床位和相应的娱乐康复健身设施和社区居家养老服务	90	130	800	—	0.7～1.0	社区级
	老年活动场站	娱乐康复健身设施、学习教育及活动场地	20～25	25	200～250	—	0.7～1.0	社区级
	社区助残服务中心	娱乐康复健身设施及活动场地	20～25	25	200～250	—	0.7～1.0	社区级
	室内体育设施	健身房、室内体育活动室等	100	—	700～1 000	—	0.7～1.0	街区级
	社区文化设施	图书阅览、科技活动、辅导培训、文娱设施等	100	—	700～1 000	—	0.7～1.0	街区级
	机构养老设施	床位及相应的娱乐康复健身设施	240～400	160～480	100 床，3 000 ～5 000；300 床，9 000～15 000	—	1.25～3.75	街区级
	残疾人托养所	床位及教学训练、康复娱乐、门诊等设施	30～50	20～60	—	—	3	街区级
医疗卫生	社区服务站	—	24	—	120	—	0.7～2.0	社区级
	卫生服务中心	可设综合病床	60	75	3 000	—	3～5	街区级
	卫生监督所	—	5	—	—	—	3～5	街区级

2.2.2 上海市基层公共服务设施配置规定

上海市基层公共服务设施配置规定主要参照《上海市控制性详细规划技术准则》《上海市 15 分钟社区生活圈规划导则（试行）》《上海市 "15 分钟社区生活圈" 行动工作导引》《上海市郊区镇村公共服务设施配置导则》等文件。《上海市控制性详细规划技术准则》是指导控规编制的文件，《上海市 15 分钟社区生活圈规划导则（试行）》和《上海市 "15 分钟社区生活圈" 行动工作导引》是指导社区生活圈建设的文件。15 分钟社区生活圈是上海社区规划建设方面的一项重要举措，也是基层公共服务设施配置的核心，于 2014 年提出并纳入《上海市城市总体规划（2017—2035 年）》。

《上海市控制性详细规划技术准则》（2016 年修订版）提出，以构建舒适、友好、安全的社区生活圈为目标，建立公共服务设施体系，并将城市基层公共服务设施分为市级、区级（区级服务人口规模 20 万人）、社区级三个等级。社区级公共服务设施包括街道（镇）行政部门管理的行政、文化、体育、医疗卫生设施，以及社区养老福利设施、商业设施等，并分为基础保障类设施和品质提升类设施两类。其中，基础保障类设施是为了满足社区居民基本生活需求而设置的设施，包括社区文化活动中心、综合健身馆、社区卫生服务中心、卫生服务站、社区养老院等。品质提升类设施是为了提升社区居民的生活品质，根据人口结构、行为特征、居民需求等可选择设置的设施，如社区学校、养育托管点、社区食堂等。在设施的规模管控上，基础保障类项目有明确的最小规模（建筑面积或用地面积）和千人指标（建筑面积和用地面积）规定。品质提升类项目的建筑面积需根据地区实际需求确定，一般不宜低于每千人 100 m²。在公共服务设施的空间布局方面，部分设施明确了服务半径的要求，如社区文化活动中心、社区体育中心、社区医疗卫生中心的服务半径不宜大于 1 000 m；卫生服务站、日间照料中心、室内菜市场的服务半径不宜大于 500 m；老年活动室的服务半径不宜大于 300 m（表 2.14、表 2.15）。同时，准则还鼓励某些公共服务设施在合理的服务半径内集中设置，如街道办事处、城市管理监督、税务、工商等可集中设置为社区行政管理中心；综合健身馆、游泳池、球场等可集中设置为社区体育中心；社区卫生服务中心、卫生服务站等可集中设置为社区医疗卫生中心。

表 2.14　《上海市控制性详细规划技术准则》中社区级基础保障类设施配置要求

分类	项目名称	服务内容	每处最小规模 /m²		千人指标 /m²		服务规模
			建筑面积	用地面积	建筑面积	用地面积	
文化	社区文化活动中心、青少年活动中心	多功能厅、图书馆、社区教育等	4 500	—	90	100	—
体育	综合健身馆	乒乓球、棋牌、台球、健身等	1 800	—	36	40	—
	游泳馆	游泳等	800	—	16	60	—
	运动场	足球、篮球、网球等各类运动场	—	300		140	—
医疗卫生	社区卫生服务中心	医疗、预防、保健、康复等	4 000	4 000	60～80	60	每街道设置 1 处
	卫生服务站	医疗、预防、康复等	150～200	—	10～15	—	1.5 万人设置 1 处
养老福利	社区养老院	养老、护理等	3 000		120	120	2.5 万人设置 1 处
	日间照料中心	老年人照顾、保健康复等	200		40		1.5 万人设置 1 处
	老年人活动室	交流、文娱活动等	200		60		0.5 万人设置 1 处
	工疗、康体服务中心	精神疾病工疗、残疾儿童寄托、残疾人康复等	800		16	32	

表 2.15　《上海市控制性详细规划技术准则》中社区级品质提升类设施配置要求

分类	项目名称	服务内容	每处建筑面积规模 /m²	服务规模
文化教育	社区学校	老年大学、成年兴趣培训、职业培训、儿童教育	1 000	各街道按需设置
	养育托管点	婴幼儿托管、儿童托管	200	1.5 万人设置 1 处
	文化活动室	棋牌室、阅览室等	100	1.5 万人设置 1 处
体育	健身点	室内健身点、室外健身点	300	0.5 万人设置 1 处

2016 年，上海市规划和国土资源管理局颁布《上海市 15 分钟社区生活圈规划导则（试行）》，在《上海市控制性详细规划技术准则》的基础上，以打造"15 分钟社区生活圈"为目标，以提升社区生活品质和幸福指数为方向，提出更高要求和理念导向，指导上海社区层面各类规划的编制和实施（李萌，2017）。《上海市 15 分钟社区生活圈规划导则（试行）》指出，15 分钟社区生活圈是上海打造社区生活的基本单元，即在 15 分钟步行可达范围内，配备生活所需的基本服务功能与公共活动空间，构建安全、友好、舒适的社会基本生活平台（图 2.1）。15 分钟社区生活圈与控制性编制单元相一致，规模为 3 ～ 5 km²，常住人口 5 万～ 10 万人。根据服务人口和步行可达距离，公共服务设施被细分为 15 分钟可达（服务人口 5 万人，步行可达距离为 800 ～ 1 000 m）、10 分钟可达（服务人口 1.5 万人，步行可达距离为 500 m）和 5 分钟可达（服务人口 3 000 ～ 5 000 人，步行可达距离为 200 ～ 300 m）三种类型，并根据服务内容分为基础保障类和品质提升类两个层级。基础保障类设施是为满足社区居民基本生活需求必须设置的设施，内容和标准延续《上海市控制性详细规划技术准则》的控制要求。品质提升类设施是为了提升社区居民的生活品质，根据人口结构、行为特征、居民需求等条件可选择设置的设施。这类设施需结合实际建设情况，通过问卷、访谈等方式多途径征询居民、主要企业、街道办事处（镇政府）、相关行业主管部门的意见，并进一步细化落实具体的项目内容和配置要求。例如，教育类设施除保障幼儿园、中小学等设施外，可基于居民的差异化需求，增设各类社区学校。老龄化社区可重点设置老年学校，对于外来人口较多的社区可重点设置职业培训中心，对于儿童比例较高的社区可设置儿童教育中心，等等。医疗类设施优先完善社区卫生服务中心和服务卫生点等基础保障类设施，在此基础上可结合居民实际需求设置康复中心，满足康复医治、医疗训练等需求。养老类设施按照"居家养老为基础、社区养老为依托、机构养老为支撑"的要求，分别设置综合为老服务中心、日间照料中心和老年活动室等设施，全面覆盖老年人保健康复、生活照料及精神慰藉等多方面需求。其中，综合为老服务中心是统筹社区服务资源，为老年人提供文体娱乐、精神慰藉、生活照料、保健康复、紧急援助等综合性服务及管理的设施，与社区服务中心综合设置，每个街道（镇）设置 1 处。日间照料中心是为生活不能完全自理、日常生活需要一定照料的半失能老年人提供个人照顾、保健康复、膳食供应、娱乐等日间服务的设施。老年活动室是为健康、轻度失能失智老年人提供文化娱乐、谈心交流、科普讲座等服务的设施。部分老年活动室也可兼具为老服务站的功能，为老年人提供家政、送餐等上门服务。

图 2.1　上海市 15 分钟社区生活圈示意图

资料来源：《上海市 15 分钟社区生活圈规划导则（试行）》

2023 年，为适应 15 分钟社区生活圈从规划向行动转型的需要，上海市规划和自然资源局颁布了《上海市"15 分钟社区生活圈"行动工作导引》，以落实《社区生活圈规划技术指南》，整合《上海市 15 分钟社区生活圈规划导则（试行）》。文件将"宜居、宜业、宜游、宜学、宜养"作为 15 分钟社区生活圈的建设目标，引入党建引领、智慧生活和韧性安全理念，从全龄视角进一步细化和扩展了公共服务设施的类型（表 2.16、表 2.17）。

表 2.16　《上海市"15 分钟社区生活圈"行动工作导引》中基础保障类设施配置要求

目标	分类	项目名称	服务内容	建设规模	设置形式	服务规模
宜居	韧性安全	发热哨点诊室	排查、登记、转诊、消毒等	在社区卫生服务中心或卫生站内设置	宜综合设置	—
		社区应急避难场所	以应对地震、台风为主，兼顾其他灾害事故，用于避难人员生活保障和集中救援	用地面积不小于 1 000 m²	可综合设置	避难人数不超过 1 000 人
		小型消防救援站	—	用地面积 800 ～ 1 000 m²	独立占地	服务辖区不宜大于 2km²，5 分钟可达
宜游	体验多元	社区市民健身中心（综合健身馆）	乒乓球馆、棋牌室、健身房等	一般规模 1 200 ～ 1 800 m² 千人指标：建筑面积不小于 36 m²，用地面积不小于 40 m²	可综合设置	服务半径不宜大于 1000m，每街道设置 1 处
		游泳馆	游泳等	一般规模不小于 800 m² 千人指标：建筑面积不小于 16 m²，用地面积不小于 60 m²	可综合设置	—
		多功能运动场地	篮球场、网球场等，配有儿童、青少年体育健身设施的场地和游戏空间	一般规模不小于 300 m² 千人指标：用地面积不小于 140 m²	可综合设置	—
宜学	托育无忧	婴幼儿、儿童养育托管点	婴幼儿、儿童托管	一般规模不小于 360 m²	宜综合设置	服务半径不宜大于 500m，1.5 万人设置 1 处
	人文共鸣	社区文化活动中心	多功能厅、图书馆、社区教育中心、青少年活动中心等	一般规模不小于 4 500 m² 千人指标：建筑面积不小于 90 m²，用地面积不小于 100 m²	可综合设置	服务半径不宜大于 1000m，每街道设置 1 处
		文化活动室	棋牌室、阅览室等	一般规模 100 m²	宜综合设置	1.5 万人设置 1 处

续表

目标	分类	项目名称	服务内容	建设规模	设置形式	服务规模
宜养	老有所养	街镇机构养老服务设施	生活照护、日常健康、文化体育等服务	一般规模不小于3 000 m²千人指标：建筑面积不小于120 m²，用地面积不小于120 m²	可综合设置	每街道设置1处
		社区老年人日间照护场所	照料护理、康复、精神慰藉、文化娱乐等日间照护服务	一般规模不小于200 m²	宜综合设置（合计千人指标建筑面积不小于50 m²）	服务半径不宜大于500 m
		长者照护之家	中短期托养服务	一般规模不小于300 m²		每街道设置1处
		老年助餐服务场所	老年人助餐服务	—		—
		老年人、残疾人、伤病人康复辅具社区租赁点	老年用品和康复辅助器具的体验、科普和租赁服务	一般规模30 m²		每街道设置1处
		综合为老服务中心	统筹为老服务、提供多样化服务	一般规模不小于1 000 m²		每街道设置1处
	全时健康	社区卫生服务中心	医疗、预防、保健、康复	一般规模不小于4 000 m²千人指标：建筑面积不小于80 m²，用地面积不小于60 m²	独立占地	服务半径不宜大于1 000 m，每街道设置1处
		卫生服务站	医疗、预防、康复	一般规模不小于200 m²千人指标：建筑面积不小于15 m²	宜综合设置	1.5万人设置1处
		母婴设施	方便哺喂母乳、婴幼儿护理、孕妇休息的专用空间和设施	—	宜综合设置	—
		工疗、康体服务中心	精神疾病工疗、残疾儿童寄托、残疾人康复活动、康体服务等	一般规模不小于800 m²千人指标：建筑面积不小于16 m²，用地面积不小于32 m²	可综合设置	—

表 2.17　《上海市"15 分钟社区生活圈"行动工作导引》中品质提升类设施配置要求

目标	分类	项目名称	服务内容	建设规模	设置形式	服务规模
宜居	韧性安全	发热门诊	排查、观察、诊断等	在社区卫生服务中心内设置	宜综合设置	—
宜游	体验多元	市民园艺中心	提供园艺产品销售、科普活动	每处一般规模100 m²	宜综合设置	每街道设置 1 处
		健身点	室内外健身点,配有儿童、青少年体育健身设施的场地和游戏空间	每处一般规模100 m²	宜综合设置	0.5 万人设置 1 处
		健身驿站	开展全民健身活动	每处一般规模100 m²	宜综合设置	—
		健身步道	进行散步、健步走、跑步等活动	—	宜综合设置	—
宜学	托育无忧	家庭科学育儿指导站	为 0 ~ 8 岁婴幼儿家庭提供科学育儿指导服务	每处一般规模40 ~ 50 m²	宜综合设置	每街道设置 1 处
		儿童服务中心、儿童之家	为儿童及家庭提供游戏娱乐、亲子阅读、课后托管等服务	儿童服务中心每处一般规模 40 ~ 50 m²;儿童之家每处一般规模 40 ~ 50 m²	宜综合设置	每街道设置 1 处
	终身学习	社区学校	老年学校、成年兴趣培训学校等	每处一般规模1 000 m²	宜综合设置	每街道设置 1 处
	人文共鸣	社区文化展示空间	各街道针对性设置	—	宜综合设置	—
		慈善超市	社区慈善款物接受、义卖和困难群众救助等	每处一般规模 30 m²	宜综合设置	每街道设置 1 处
宜养	老有所养	长者运动健康之家	为老年人提供体质测试、基础健康监测、科学健身指导和慢性病运动干预等服务	每处一般规模 80 m²	宜综合设置	—
	全时健康	智慧健康驿站	健康自检自测、自评自管	每处一般规模 50 m²	宜综合设置	每街道设置 1 处
		未成年人保护工作站	面向未成年人开展心理咨询、宣传法律和公共政策等服务	每处一般规模 30 m²	宜综合设置	每街道设置 1 处

　　上海提出的 15 分钟社区生活圈是一个集就业、生活于一体的综合性生活空间。从公共服务设施配置的角度来看,主要有以下特点。

　　(1)社区生活圈满足了目前特大城市的人口结构特征及各类居民对公共服务的多元诉求,强调有针对性地提供差异化设施服务,并重点关注儿童、老年人等弱势群体的需求,对老幼生活和照料空间进行精细化配置。

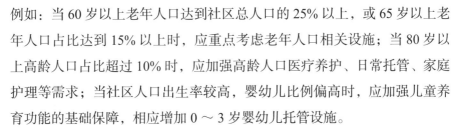

例如：当 60 岁以上老年人口达到社区总人口的 25% 以上，或 65 岁以上老年人口占比达到 15% 以上时，应重点考虑老年人口相关设施；当 80 岁以上高龄人口占比超过 10% 时，应加强高龄人口医疗养护、日常托管、家庭护理等需求；当社区人口出生率较高，婴幼儿比例偏高时，应加强儿童养育功能的基础保障，相应增加 0 ～ 3 岁婴幼儿托管设施。

（2）根据居民群体的活动规律构建步行可达的设施圈，注重设施空间布局与居民步行距离之间的关系。在生活圈的划分上，依照居民对设施的使用频率和步行到达的需求程度，以家为核心规划 5 分钟—10 分钟—15 分钟的圈层布局，尽可能满足儿童、老年人等弱势群体的近距离步行要求，在 5 分钟圈层布局幼儿园、公园、养老设施及菜市场等儿童、老年人使用频率较高的设施。同时，基于居民日常活动特征，将高关联度的设施以步行尺度邻近布局，分别形成以儿童、老年人及上班族为核心使用人群的设施圈。例如：60 ～ 69 岁老年人的日常设施圈以菜市场为核心展开，同绿地、小型商业设施、学校及培训机构等邻近布局；儿童日常设施圈以各类学校为核心，同儿童游乐场及培训机构等设施相关联；上班族周末设施圈以文体、超市等设施为核心，形成社区文化、娱乐、购物中心，引导上班族周末回归日常生活。

（3）公共服务设施的布局强调高效复合、共享共赢。根据各类设施的布局要求和使用需求，将设置形式分为三种，即独立占地、综合设置和共享使用。派出所、社区卫生服务中心等需独立占地，其他设施则鼓励综合设置或共享使用。例如：社区图书馆等文化设施可与商务商业功能综合设置，以提升实体商业的活力和体验度；运动场地可与其他公共空间复合建设，以满足居民多样的使用需求。同时，也鼓励构建多种功能复合的社区中心，为居民生活提供便捷的"一站式"服务。例如，街道办事处、城市管理监督局、税务局、工商局等可集中设置为社区行政管理中心，综合健身馆、游泳池、综合运动场等可集中设置为社区体育中心，社区卫生服务中心、卫生服务点等可集中设置为社区医疗卫生中心。共享使用是指部分建筑使用空间由多个设施共享使用，或单个设施开放给不同人群使用。例如：各类学校的图书馆、体育场馆、训练中心等文化、体育设施，在确保校园安全的前提下，可创造条件向公众开放；老年学校、职业培训中心等可与社区文化活动中心共享使用，共享培训教室、各类活动室等；社区养老院、老年人日间照料中心与社区卫生服务中心、卫生服务点可共享使用，共享治疗室、床位等。

2.2.3 南京市基层公共服务设施配置规定

南京市基层公共服务设施配置规定主要参照 2023 年南京市人民政府颁布的《南京市公共设施配套标准》。该标准衔接《城市居住区规划设计标准》《社区生活圈规划技术指南》等文件，指导南京市的 15 分钟社区生活圈建设。《南京市公共设施配套标准》将公共服务设施分为五级，即市级、地区级、居住社区级、基层社区级和居住街坊级，明确了各级公共设施的配置要求和布局准则。其中，居住社区是以社区中心为核心、服务半径为 500 ～ 600 m、由城市干道或自然地理边界围合的以居住功能为主的片区，人口规模为 3 万 ～ 5 万人。1 ～ 2 个居住社区构成 1 个居住社区生活圈（10 ～ 15 分钟）。基层社区是由城市支路以上道路围合、服务半径 200 ～ 300 m 的城市最小社区单元，人口规模为 0.5 万 ～ 1.0 万人。3 ～ 6 个基层社区构成 1 个居住社区。居住街坊是由支路等城市道路或用地边界线围合、服务半径 150 ～ 250 m、由住宅建筑组合形成的居住基本单元，人口规模为 1 000 ～ 3 000 人。3 ～ 4 个居住街坊构成 1 个基层社区。

按照使用功能，公共设施共分为八大类，即教育设施、医疗卫生设施、公共文化设施、体育设施、社会福利与保障设施、行政管理与社区服务设施、商业服务设施和公共安全设施。每类设施分成若干项目，每项公共服务设施通过每处一般规模和千人指标进行管控。同时，根据管控力度，公共设施分为必须保障功能的公共设施、应保障功能的公共设施和宜保障功能的公共设施。在规划布局方面,《南京市公共设施配套标准》鼓励同一级别、功能和服务方式类似的公共设施（如商业服务设施、公共文化设施、体育设施、行政管理与社区服务设施、社会福利与保障设施等）集中布局、组合设置,形成各级集中的公共设施中心。功能相对独立或有特殊布局要求的公共设施（如教育设施等）可相邻设置或独立设置。

1. 居住社区级公共设施的设置准则

居住社区级公共设施包括社区卫生服务中心、社区居家养老综合服务中心、养老院、残疾人之家、社区文化服务中心、中小学、社区公园等必设项目,以及社区学校、体育活动中心、婴幼儿照护服务发展指导中心等应设和宜设项目。在空间布局上,设施要保证居民在步行 7 ～ 10 分钟、骑自行车 3 ～ 5 分钟可达,并提倡集中布局,形成居住社区中心。居住社区中心用地规模控制在 4 ～ 5 hm^2,包括社区综合服务中心、社区医养结合服务中心和社区公园等内容。其中,社区综合服务中心以综合体的形式集中布置,用地面积为 1.4 ～ 2.8 hm^2,包括公共文化、体育、行政管理和社区服务、社区商业服务、菜市场、公厕等设施。社区医养结合服务中心以院落组合的形式集中布置,用地面积为 0.6 ～ 1.2 hm^2,包括社区卫生服务中心（含护理床位和康复中心）、养老院、社区居家养老综合服务中心、残疾人之家等设施。社区公园用地面积为 1 ～ 2 hm^2,独立占地,宜与文化活动广场、体育活动场地合并设置,还可作为社区固定避难场所（图 2.2）。

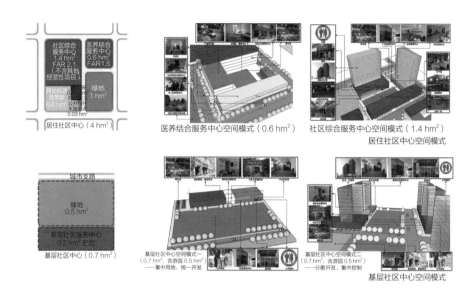

图 2.2　社区服务中心示意图

资料来源：《南京市公共设施配套标准》

2. 基层社区级公共设施的设置准则

基层社区级公共设施为居民最基本的日常生活服务项目，包括基层社区文化服务中心、体育活动站/场、居家养老服务站、幼儿园、游园等必设项目，以及社区卫生服务站、社区书屋、托管中心、残疾人之家等应设和宜设项目。各类设施要满足居民步行 3 ～ 5 分钟可达要求，并提倡除少数独立设置的设施外，大部分设施应集中设置，与社区游园共同形成基层社区中心。基层社区中心用地规模控制在 7 000 ～ 8 000 m²，包含 2 000 ～ 3 000 m² 的公共设施用地和小于 5 000 m² 的社区游园。

3. 居住街坊级公共设施的设置准则

居住街坊级公共设施主要是指街坊居民最基本的日常生活服务项目，以居民在步行 3 分钟内可达为布局原则，内容包括物业用房、居家养老服务站、全民健身设施、街坊绿地等必设项目，以及儿童、老年人活动场地等应设项目。其中，居家养老服务站的服务对象是日托老人，服务内容包括生活照料、保健康复、上门家政、应急呼救、生活咨询、助餐和送餐等。这类设施主要在基层社区中心设置，当设置不足时，可在街坊层级补齐（表 2.18）。

表 2.18　南京市各级公共服务设施配置要求

分类	名称	服务内容	每处一般规模 /m²		千人指标 /m²		配置层级
			建筑规模	用地规模	建筑规模	用地规模	
医疗卫生设施	社区卫生服务中心（★）	集预防保健、全科医疗、妇幼保健、康复治疗、健康教育等于一体。可含老年人和残疾人康复中心、残疾人托养所	4 000～5 000（30～50 个护理床位）	3 000～5 000	100～125	75～125	居住社区级
	社区卫生服务站（☆）	健康咨询、妇幼保健、老年保健、慢性病防治	150～300	—	15～30	—	基层社区级
社会福利与保障设施	社区居家养老综合服务中心（★）	为老年人及其家庭提供医疗、保健、康复、保险等服务，组织老年人常规体检，组建生活照料队伍，组织健康老年人社会文化活动等	建筑面积不小于 1 000 m²，有 10 个以上短期照料服务床位	—	—	—	居住社区级
	养老院（★）	以服务中度衰弱的老年人为主，提供协助生活服务	不少于 120 床；建筑面积不小于每床 35 m²	用地面积为每床 18～44 m²			居住社区级
	残疾人之家（★）	以辅助性就业为主，集托养、康复、培训、文化体育、维权等各项服务于一体的残疾人综合服务	建筑面积不小于 150 m²				居住社区级
	婴幼儿照护服务发展指导中心（☆）	为婴幼儿卫生保健提供专业技术指导和人才培训，并为周边婴幼儿照护机构提供育儿支持	1 000	—	—	—	居住社区级
	育儿园（含亲子园）（★）	育儿园为未满 3 岁的儿童提供照顾及训练服务。亲子园以教师指导、家长与幼儿共同游戏为主要活动形式	500～600	—	12～15		居住社区级
	居家养老服务站（★）	为日托老人提供生活照料、保健康复、娱乐等服务；提供上门家政、生活照料、助餐和送餐等服务	—	—	—	—	基层社区级
	托管中心（含儿童之家）（☆）	托管中心提供 3～12 岁幼儿、儿童托管服务。儿童之家是为儿童提供文体活动和阅读的娱乐场所	建筑面积不小于 200 m²	—	—	—	基层社区级
	残疾人之家	集托养、康复、培训、文化体育、维权等于一体的残疾人综合服务	—	—	—	—	基层社区级

续表

分类	名称	服务内容	每处一般规模 /m²		千人指标 /m²		配置层级
			建筑规模	用地规模	建筑规模	用地规模	
公共文化设施	社区文化服务中心（★）	图书阅览室（含自修室）、公共电子阅览室、多功能厅、科普知识宣传与教育等	4 000 ~ 5 000	—	100 ~ 125	—	居住社区级
	社区学校	包含老年学校、成年兴趣培训学校、职业培训中心、儿童教育培训等	—	—	—	—	居住社区级
	基层社区文化服务中心（★）	书报阅览室、公共电子阅览室、文娱活动室、老年活动室、亲子活动室等	400 ~ 600	—	50 ~ 80	—	基层社区级
	社区书屋（☆）	书籍报刊阅览、售卖、交流等	宜为 100	—	—	—	基层社区级
体育设施	体育活动中心（☆）	体育馆、健身房、游泳馆(池)、健身路径等体育设施	3 600 ~ 4 000	10 000 ~ 20 000	75 ~ 130	250 ~ 500	居住社区级
	体育活动站/场（★）	健身房，篮球、排球、乒乓球等球类场地，健身路径等	200	≥ 600	20 ~ 40	80	基层社区级
	儿童、老年人活动场地（☆）	儿童活动及老年人休憩设施	—	170 ~ 450	—	—	居住街坊级
	全民健身设施（★）	器械健身、健身路径和其他简单运动设施	—	—	—	—	居住街坊级

2.2.4 杭州市基层公共服务设施配置规定

杭州市基层公共服务设施配置规定主要参照《杭州市城市规划公共服务设施基本配套规定》，该文件由杭州市规划局（现杭州市规划和自然资源局）于 2009 年编制，并在 2016 年进行了修编。《杭州市城市规划公共服务设施基本配套规定》将公共服务设施按照等级分为城市公共服务设施和居住区公共服务设施两类，其中居住区公共服务设施的分级配置与街道、社区的行政管理层级相对应，分为街道级和基层社区级。街道级公共服务设施的服务半径为 800 ~ 1 000 m，对应的行政辖区为街道；基层社区级公共服务设施的服务半径为 300 ~ 500 m，对应的行政辖区为社区。按照功能，居住区公共服务设施分为教育、医疗、文化、体育、商业、金融邮电快递、社区服务、市政公用、行政管理及其他等 10 类。每项公共服务设施以每处一般规模和平方米 / 百户来进行控制。规划布局方面，在满足设施服务半径要求和互不干扰的基础上，鼓励不同功能的公共服务设施集中布局、组合设置，形成两级公共活动中心，即街道公共服务中心和社区公共服务中心。街道公共服务中心在居住区交通便利的中心地段或邻近公共交通站点集中设置，为居民提供较为综合、全面的日常生活服务项目，可由文体中心、医养中心、商业中心等组成。社区公共服务中心主要为社区居民提供日常性服务，可由社区居委会办公用房（社区服务）、社区文化活动室、居家养老服务中心、社区卫生站等组成。

2023 年，为对接国家《城市居住区规划设计标准》《社区生活圈规划技术指南》等文件，构建适合城市实际情况的生活圈服务体系，杭州市规划和自然资源局对《杭州市城市规划公共服务设施基本配套规定》进行修订，形成《杭州市国土空间规划公共服务设施配套规定》（征求意见稿）。新规定调整了公共服务设施的分级，增加了公共服务设施的类型，也对一些指标进行了调整。新规定将公共服务设施分为城市级公共服务设施和社区生活圈级公共服务设施。社区生活圈分为城市地区社区生活圈和镇村地区社区生活圈，其中城市地区社区生活圈级公共服务设施分为 10 ～ 15 分钟生活圈级、5 分钟生活圈级和地块级三级。10 ～ 15 分钟生活圈级公共服务设施对应现行规定中的街道级，服务人口 4.5 万～ 10.0 万人，服务半径为 800 ～ 1 000 m；5 分钟生活圈级公共服务设施的服务半径为 300 ～ 500 m，服务人口 0.45 万～ 1.00 万人，对应现行规定的社区级；地块级公共服务设施的服务范围为由支路等城市道路或用地边界线围合的居住基本单元。

根据功能，城市地区社区生活圈级公共服务设施包含公共教育、医疗卫生、文化活动、体育健身、社区治理与服务、行政管理、商业服务、环境卫生、社区公园、防灾设施、留白设施等 11 个类别 52 项，分别在三级生活圈进行配置。与原规定相比，新规定增加了公共服务设施项目，如杭州书房、大中型多功能运动场地、社区儿童成长驿站、社区食堂及综合性的留白设施等。此外，根据管控力度，设施还分为基础保障型设施和品质提升型设施两类，基础保障型设施为必配项目，品质提升型设施需按照实际情况按需配建。根据服务属性，设施分为半径适应型设施、行政适应型设施和其他适应型设施。半径适应型设施根据社区生活圈进行配置；行政适应型设施根据行政辖区进行配置；其他适应型设施是指按照行业标准的特定要求配置的设施。根据设置形式，公共服务设施还分为应独立占地、宜独立占地和可综合设置三种。新规定对每项设施均提出了明确的配置要求，并以最小规模和百户指标进行管控（表2.19）。

表 2.19 杭州市各级公共服务设施配置要求

分类	名称	服务内容		最小规模 /m²		百户指标 /m²		配置层级
				建筑规模	用地规模	建筑规模	用地规模	
医疗卫生设施	社区卫生服务中心▲★	基本公共卫生服务，以及常见病、多发病的诊疗、护理、康复等综合服务	1.5万~2.5万人	2 035	—	33.92	—	10~15分钟生活圈
			2.5万~3.5万人	2 825	—	28.25	—	
			3.5万~5.0万人	3 815	—	27.25	—	
			5万~7万人	5 050	—	25.25	—	
			7万~10万人	7 030	—	25.11	—	
	社区卫生站△☆	基本公共卫生服务和普通常见病、多发病的初级诊治、康复服务等		150 220（一般规模）	—	—	—	5分钟生活圈
文化活动	文化活动中心▲☆	图书阅览室、科普知识宣传与教育、影视厅、舞厅、游艺厅；球类、棋类、科技与艺术等活动场地		5 500	—	33	—	10~15分钟生活圈
	文化广场（公园）▲☆	—		—	1 000	—	5.5	10~15分钟生活圈
	杭州书房▲☆	图书免费借阅、文化交流、文化消费等		200	—	1.1	—	10~15分钟生活圈
	文化活动室▲☆	书报阅览、书画、文娱、健身、音乐欣赏、茶座、多媒体等		600	—	25	—	5分钟生活圈

续表

分类	名称	服务内容	最小规模 /m²		百户指标 /m²		配置层级
			建筑规模	用地规模	建筑规模	用地规模	
体育健身	体育场（馆）或全民健身中心▲☆	具备多种健身设施、专用于开展体育健身活动的综合体育场（馆）或健身馆	5 000	18 000	35	80	10～15分钟生活圈
	大型多功能运动场地▲☆	多功能运动场地或同等规模的球类场地	—	3 150	—	15	10～15分钟生活圈
	中型多功能运动场地▲☆	多功能运动场地或同等规模的球类场地	—	1 310	—	25	10～15分钟生活圈
	室外综合运动健身场地▲☆	健身场所（含广场舞场地），以及小型多功能运动场地或同等规模的球类场地	—	950	—	55	5分钟生活圈
	儿童老年人活动场地、健身器材▲	儿童活动及老年人休憩设施；器械健身和其他简单运动设施	—	170	30	90	地块级
社区治理与服务	街道级养老院▲☆	对自理、介助和介护老年人给予生活起居、生活护理、餐饮服务、医疗保健、文化娱乐等综合服务	3 000	3 400	53	60	10～15分钟生活圈
	区域性居家养老服务中心▲☆	为老年人提供生活照料、康复护理、托养服务、家庭支持、心理疏导等服务	2 000	—	36	—	10～15分钟生活圈
	残疾人日间照料服务机构▲☆	为劳动年龄段智力、精神和其他重度肢体残疾人提供生活照料、技能培训、康复服务、文体服务等	200	—	5	—	10～15分钟生活圈
	居家养老服务照料中心▲☆	为老年人提供生活照料、家政服务、康复护理、精神慰藉等	300	—	30	—	5分钟生活圈
	残疾人康复之家（康复站）▲☆	为有康复需求的残疾人提供基本医疗、康复训练、辅具、心理服务、转介等康复服务	30	—	1.5	—	5分钟生活圈
	托育机构▲☆	为0～3岁婴幼儿提供普惠托育服务	200	—	15	—	5分钟生活圈
	社区儿童成长驿站▲☆	向儿童提供临时照料、思想教育、文化娱乐、心理疏导等服务	100	—	5	—	5分钟生活圈

在公共服务设施的空间布局上，新规范依然延续鼓励集中、兼顾分散的布局原则，强化公共服务中心的职能结合"10～15分钟""5分钟"两级社区生活圈和"街道""社区"两级行政管理制度，针对可综合设置的10～15分钟生活圈级和5分钟生活圈级公共服务设施，分别形成两级"邻里中心"。10～15分钟生活圈级"邻里中心"在居住区交通便利的中心地段或邻近公共交通站点集中设置，为居民提供较为综合、全面的日常生活服务项目，具体可进一步分为行政服务型"邻里中心"、文体型"邻里中心"、医养型"邻里中心"、商贸型"邻里中心"等。例如，文体型"邻里中心"可将文化活动中心（综合文化站）、体育场（馆）或全民健身中心等设施合并设置，医养型"邻里中心"可综合设置社区卫生服务中心、街道级养老院、区域性居家养老服务中心、残疾人之家（残疾人日间照料服务机构)等设施。5分钟生活圈级"邻里中心"主要为社区提供日常性服务，可综合设置文化活动、体育健身、治理与服务、医疗卫生等设施。

2.3 我国基层公共服务设施配置特征——比较与分析

城市基层公共服务设施规划的核心是建什么？建多少？在哪建？具体可表现为规划公共服务设施项目的类型、规模和空间分布。因此，基层公共服务设施配置体系也是一个复杂的系统，包括人口分级、设施总量控制，以及在设施分类基础上进行的各类项目规模控制、服务范围控制等。从我国城市居住区规划设计标准的发展演变来看，虽然历经几次修订，但整体的控制体系仍具有明显的延续性。

（1）基层公共服务设施属于居住区的配套设施，早期是伴随居住区项目开发而配建的。我国传统居住区规划根据人口将城市居住空间分为居住区、小区和组团，相应的公共服务设施也采用分级配建的模式。伴随我国城市化进入稳定时期，城市建成区大规模土地开发已经完成，基层公共服务的运营、管理和提升是城市社区治理的重点。国家层面和地方城市开展了社区生活圈实践，通过步行时间距离，以生活圈划分城市居住空间，并与基层管理体制相衔接。目前，国家标准与各城市的地方标准并不完全一致，但最终都需要和服务人口形成对应关系。

（2）在公共服务设施的规模控制上，千人指标和一般规模是两个主要的控制指标。千人指标最早见于 1980 年的《城市规划定额指标暂行规定》，是设施配置与人口规模建立直接关系的核心体现，一般用于设施总量控制或单项设施控制。目前，国家标准主要控制各类设施的总量，地方标准主要控制单项设施的规模。千人指标体现的是基层公共服务设施配置的公平性，但公共服务的供给不仅要强调公平，还要注重使用效率和经济效益，因此需要结合设施的一般规模（或最小规模）共同控制。

（3）服务半径是确保基层公共服务设施空间合理性的重要指标，表达的是公共服务设施的空间服务范围。在早期的居住区规范中，只有教育类设施（包括幼儿园、中小学等）有明确的服务半径要求。引入生活圈理念后，各类基层公共服务设施都有其服务的圈层范围，空间属性也更加明确。传统的服务半径采用的是简单半径法，以设施为圆心，表达的是地理上的圆形覆盖范围。生活圈则以时间为单位，结合了道路系统和居民的步行行为。

（4）在公共服务设施的空间布局上，以满足服务人口和服务圈层为基础，强调某些设施之间的集中设置和复合使用，形成各级公共服务中心。公共服务中心在早期的居住区规范中便有提及，目前各城市的地方规范更加细化了公共服务中心的级别和类型，如医养中心、文体中心等。功能复合的社区服务中心可以有多种空间组合模式，有利于为居民提供一站式的生活服务。

2.3.1 基层公共服务设施分级控制

从目前《城市居住区规划设计标准》和各城市的地方标准来看，根据生活圈进行公共服务设施分级控制是主要的手段。《城市居住区规划设计标准》将居住空间分为 15 分钟生活圈居住区、10 分钟生活圈居住区、5 分钟生活圈居住区及居住街坊四级，以居民的生活需求和步行可达性为基础，并兼顾主要公共服务设施合理的服务半径和运营规模。20 世纪初，美国城市学家克拉伦斯·佩里（Clarence Perry）提出的邻里单位理论是以小学所服务的合理规模划分邻里范围的。1993 年的《城市居住区规划设计规范》也以一所小学对应服务人口 1.0 万～ 1.5 万人来划分居住小区规模，并明确了幼儿园、小学和中学的服务半径分别为 300 m、500 m 和 1 000 m。因此，生活圈的划分既体现了现阶段城市社区的发展导向，也具有明显的延续性。此外，生活圈还体现了与城市基层管理体制的对接。早期居住区设计规范中的居住区、小区和组团与"街道""居委会"两级基层行政管理体系没有直接的对应关系。目前，城市居委会的管辖范围可对应 2 个居住街坊或 1 个 5 分钟（或 10 分钟）生活圈居住区；街道办事处的管辖范围可对应 1 ～ 2 个 15 分钟生活圈居住区。

在国家标准的基础上，各城市对居住空间及相应的公共服务设施分级均有不同程度的调整，以适应各自的地域人口特征及规划编制体系。例如，北京和上海作为超大城市，在控制性详细规划的编制中均建立了多层次的管理控制体系，基层公共服务设施的分级控制需要与控规体系取得一致。其中，2006 年北京市提出"总量控制"和"分层规划"的方法，将控制性详细规划分为街区控规和地块控规。街区是指中心城及新城规划中依据城市主次干道等界线，将城市集中建设区划分成的若干区域，总量约 300 个，每个街区的规模为 2 ～ 3 km²。街区控规作为控规的公示内容，用于分解建设指标和配套设施，也是城市建设管理的基本单元。因此，在公共服务设施的分级控制中，街区级是最高层次的控制单元。在公共服务设施落地时，因为街区与街道办事处辖区的空间范围并不完全一致，实际配建时还需要综合考虑街区与街道办事处辖区的空间关系、资源情况和实施条件。上海市中心城区规划体系由总体规划、控制性编制单元规划、控制性详细规划构成，其中控制性编制单元规划具有承上启下的作用，负责对总体规划的目标和各项指标进行分解落实，并指导地块控规的编制。早期，结合行政单元、道路、河道，以 5 万人为基本单位，上海市中心城区共划分为 242 个控制性编制单元。2017 年，编制单元规划进行了修订，将单元编制线与街道边界基本保持一致。对于规模过大的街道以快速路或主干道为界进行分割，每个单元面积一般在 3 km²，常住人口为 5 万～ 10 万人（凌莉，2018）。目前，上海市的 15 分钟社区生活圈与编制单元规模相一致，与街道辖区边界相衔接。南京、杭州等城市整合了 15 分钟生活圈和 10 分钟生活圈，将基层公共服务设施划分为 10 ～ 15 分钟生活圈和 5 分钟生活圈两个层级。10 ～ 15 分钟生活圈与街道管辖范围相衔接，5 分钟生活圈与社区居委会管辖范围相衔接（表 2.20）。

表 2.20　公共服务设施分级比较

国家标准		北京		上海		南京		杭州	
15 分钟生活圈	5 万～10 万人	街区级	2 ～ 3 km²	15 分钟生活圈	3 ～ 5 km²，5 万～ 10 万人	居住社区	3 万～5 万人	10 ～ 15 分钟生活圈	4.5 万～10.0 万人
10 分钟生活圈	1.5 万～2.5 万人	—	—	10 分钟生活圈	1.5 万人				
5 分钟生活圈	0.5 万～1.2 万人	社区级	0.245 万～0.735 万人	5 分钟生活圈	0.3 万～0.5 万人	基层社区	0.5 万～1.0 万人	5 分钟生活圈	0.45 万～1.00 万人
居住街坊	0.1 万～0.3 万人	建设项目级	<0.245 万人	—	—	居住街坊	0.1 万～0.3 万人	地块级	居住基本单元

2.3.2 基层公共服务设施类型划分

城市基层公共服务设施有多种分类方式，包括根据功能分类、根据服务层级分类、根据服务对象分类或根据管控力度分类等。其中，根据功能分类是最基础的方式，早期的《城市居住区规划设计规范》主要就是依据功能进行分类的。而目前的分类方式多以功能属性结合服务等级属性进行多层次分类，分类更加明确化和具体化。例如，现行的《城市居住区规划设计标准》依据功能和服务层次进行综合性分类，如公共服务类设施依据服务圈层，被进一步分为公共管理与公共服务设施（10～15分钟生活圈）、社区服务设施（5分钟生活圈）和便民服务设施（居住街坊）三类。北京、上海、南京、杭州等城市也在不同的服务层级上对各功能类型进行了细分，明确每类设施项目的功能属性和服务等级属性。在具体的分类方式上，北京、上海是先以功能进行大类划分，再细化服务等级；南京、杭州是先划分服务等级，再确定功能，最终的目的是一致的。在各城市具体的类型划分上，教育、医疗、商业、市政等设施划分具有一致性，但社会管理和服务类设施的划分方式各具特色。例如，北京将行政管理、文化体育、社会福利与养老等设施统称为社区综合管理服务，上海将社会管理和服务类设施划分为行政管理、文化体育和养老福利三类，南京和杭州则将文化、体育分列为两类设施（表2.21）。

表2.21 公共服务设施功能性分类

国家标准	北京	上海	南京	杭州
公共管理和公共服务设施	社区综合管理服务	行政管理	行政管理与社区服务设施	行政管理
		文化体育	体育设施	体育健身
			公共文化设施	文化活动
		养老福利	社会福利与保障设施	社区治理与服务
社区服务设施	教育	基础教育设施	教育设施	公共教育
	医疗卫生	医疗卫生	医疗卫生设施	医疗卫生
商业服务业设施	商业服务	商业	商业服务设施	商业服务
市政公用设施	市政公用	—	市政公用设施	环境卫生
交通站场	交通	—	交通设施	—
—	—	其他	公共安全设施	防灾设施
—	—	—	—	留白设施

此外，为应对城市社区的多样化和差异性，应采用不同的管控力度，部分城市也将公共服务设施分为基础保障类设施和品质提升类设施，或必

配设施和按需配建设施。其中，基础保障类设施是满足居民基本日常生活需求而必须配建的设施。品质提升类设施是根据社区的社会经济结构和居住人口特征，为提升社区生活品质而配建的设施，可根据居民需求，采用多种方式设置。

　　总体而言，从发展演变来看，基层公共服务设施的类型不断丰富，并为了满足社会需求和响应国家政策不断加入新的设施类型。①重视全生命周期服务，特别关注"一老一小"的服务需求。针对儿童照顾养护，很多城市增加了婴幼儿托育、儿童托管、儿童成长驿站等设施。针对老年人家庭社区养老需求，为身体健康条件不同的老年人提供日间照料、中短期托养、康复器具租赁、老年人食堂等各类设施。②在国家倡导终身学习的理念下，加强社区的基层教育和文化功能，增加社区学校、社区书屋等设施。③配合全民健身政策，完善各种类型的体育设施，包括多功能运动场馆、游乐设施、健身驿站、健身步道等。④进一步明确社区韧性安全设施，包括应急物资储备仓库、社区固定避难场所、防灾医疗设施、防灾智慧设施、健康驿站等。

2.3.3 基层公共服务设施指标体系

　　我国的城市基层公共服务设施配置具有体系化和规范性的特点，通过服务人口和服务圈层进行分级，在此基础上配合控制指标进行管控，包括千人指标、一般规模、服务半径等。1980 年，《城市规划定额指标暂行规定》明确了每类设施项目的千人指标和一般规模，也奠定了我国基层设施配置指标量化的基础。千人指标代表每千居民对应的设施建筑面积和（或）用地面积，国家标准通过千人指标进行各类设施的总量控制，地方标准往往会限定具体项目的千人指标。一般规模是指每处设施适宜的建筑面积和（或）用地面积，主要考虑的是设施建设和管理的效益，也有城市采用每处最小规模进行控制。此外，对设施项目的控制还包括控制项目的服务规模和空间布局，服务规模可与设施服务的人口进行对应，也可以衔接基层管理辖区。针对不同的设施类型，上述指标有多种组合方式（表2.22）。实际上，这些指标的目的主要是在经济合理的条件下控制设施的服务人口和服务规模，表达了我国基层公共服务设施规划的传统理念，即"只有当配建项目的面积与其服务的人口规模相对应时，才能发挥项目最大的经济效益"（赵民 等，2002）。

对公共服务设施空间布局的控制包括服务圈层、服务半径、设置形式（如混合布置、独立布置等），以及对部分设施位置的具体建议。

表 2.22 公共服务设施控制指标比较

控制方法	国家标准	北京	上海	南京	杭州
设施总量控制	千人指标（设施总量）	—	—	—	百户指标（设施总量）
单项设施控制	一般规模＋服务半径	—	—	—	—
	—	—	千人指标＋一般规模	千人指标＋一般规模	百户指标＋最小规模
	—	—	千人指标＋一般规模＋服务半径	—	百户指标＋最小规模＋服务半径
	—	千人指标＋一般规模＋服务规模（服务人口）	千人指标＋一般规模＋服务规模（服务人口）	千人指标＋一般规模＋服务规模（服务人口）	—
	—	千人指标＋一般规模＋服务规模（基层辖区）	千人指标＋一般规模＋服务规模（基层辖区）	千人指标＋一般规模＋服务规模（基层辖区）	百户指标＋最小规模＋服务规模（基层辖区）

第3章 典型基层公共服务设施分项研究

3.1 终身学习导向下的基层文化设施和图书馆建设

基层文化设施是以政府为财政投资主体或建设主体、为居民提供公益性社会服务、与居民日常生活最密切相关的公共文化设施，包括街道（乡镇）综合文化中心、社区（行政村）综合文化室、图书馆分馆或图书室等。基层文化设施属于居住区的配套设施，1980年的《城市规划定额指标暂行规定》便提出了对科技文化馆、青少年之家的配置要求。1993年的《城市居住区规划设计规范》奠定了文化活动中心和文化活动站两级指标配置体系的基础，并延续至今。目前，基层文化设施已成为公共服务的必要组成部分，并与基层文化服务的建设同步推进。

3.1.1 基层公共文化政策的发展演变

我国基层文化设施的建设起步较晚，是公共文化服务的薄弱环节。进入21世纪，我国逐步构建以终身学习为目标的学习型社会，基层文化设施是开展全民阅读和终身学习的重要场所，其建设逐渐受到重视，并经历了初步探索、快速发展和完善优化三个时期。

1. 初步探索时期

关于建设基层文化设施的政策，最早见于1992年党的十四大报告。报告提出，要建设好社区文化、村镇文化，将精神文明落实到城乡基层，并把相应的设施建设纳入城乡建设总体规划。之后，我国开始进行基层文化建设，大力加强文化工作，城市基层文化设施得到一定的改善。2002年，文化部（现文化和旅游部）、国家计委（现国家发展和改革委员会）、财政部发布了《关于进一步加强基层文化建设的指导意见》，提出城市要做好群艺馆、文化馆、图书馆的建设，同时加强社区和居民小区配套文化设施建设，发展文化广场等公共文化活动场所，开辟老年人、少儿和残疾人文化活动场所，建设老年文化活动中心、老年大学、青少年校外文化活动设施和场所，并提出把文化设施建设纳入城乡建设整体规划，把群艺馆、文化馆、图书馆、文化站作为重点列入建设规划。此文件细化了基层文化设施的类型，明确了基层文化建设的发展方向。2007 年，中共中央办公厅、国务院办公厅印发《关于加强公共文化服务体系建设的若干意见》，提出组建集书报刊阅读、宣传教育、文艺演出、科普教育、体育和青少年校外活动等于一体的乡镇综合文化站，加强社区文化中心、村文化活动室等基层文化阵地建设；初步提出了基层文化设施的两级体系，即街道（乡镇）综合文化中心和社区（村）文化中心。

2. 快速发展时期

2012 年，党的十八大提出完善终身教育体系、建设学习型社会，现代公共文化服务体系的构建逐步加快，基层文化设施作为公共文化服务体系的组成部分也得到了大力发展。2013 年，党的十八届三中全会明确提出整合基层宣传文化、党员教育、科学普及、体育健身等设施，建设综合性文化服务中心。综合性文化服务中心的建设有利于完善基层文化设施网络，打通公共文化服务的"最后一公里"。2015 年，中共中央办公厅、国务院办公厅印发《关于加快构建现代公共文化服务体系的意见》，明确了建立基本公共义化服务标准体系的发展目标，同时出台了我国第一个国家层级的基本公共文化服务指导标准——《国家基本公共文化服务指导标准（2015—2020 年）》。这两份文件对构建现代公共文化服务体系做出了全面部署，提出了基层综合文化设施的建设标准、方法和策略。

3. 完善优化时期

"十三五"时期，现代公共文化服务体系的建设受到国家的高度重视，我国相继颁布了一系列法律、规范，如《社区图书馆服务规范》（2016 年）、

《中华人民共和国公共文化服务保障法》（2016 年）、《中华人民共和国公共图书馆法》（2018 年）等，城市基层文化设施的建设不断规范和完善。与此同时，为应对基层文化设施在现实使用中出现的问题，一些城市也在空间布局、功能配置、环境设计和运营管理等方面进行适应性调整和优化，涌现出许多优秀的基层文化设施建设案例。

3.1.2 基层文化设施的配置要求

目前，城市基层文化设施的建设模式主要包括街道级的综合文化活动中心和社区级的文化活动室。综合文化活动中心是以街道为依托，以文化服务为主体，包含图书室、影视厅、游艺厅、棋类活动室、科技活动室、各类艺术训练班，以及青少年和老年人学习活动空间，为居民提供文化艺术、社区教育、科普知识宣传、信息传输、娱乐休闲等多功能服务，属于基层群众文化场所。从现行的国家标准和地方标准比较来看，综合文化活动中心属于 10 ～ 15 分钟生活圈，每千人拥有的设施建筑面积为 100 m² 左右，每处一般规模在 2 000 ～ 5 000 m²，服务半径不超过 1 000 m。在空间布局上，提倡与体育、社区服务等功能综合布置，形成公共活动中心（表 3.1）。

文化活动室以社区为依托，主要服务对象为社区居委会辖区内的居民，功能以书报阅览、宣传教育、文娱活动为主。在基层公共服务体系中，文化活动室属于 5 分钟生活圈，每处一般规模在 300 ～ 600 m²，服务半径不超过 500 m，空间布局提倡综合性布置（表 3.2）。

基层图书馆是基层文化设施的重要组成部分，包括街道级的图书馆和社区级的图书室，通常与综合文化活动中心和文化活动室合并设置，也可独立建设或采用区图书馆分馆的形式。目前，各城市也出现了新型的基层文化设施建设形式，如杭州市在 2019 年启动的"杭州书房"项目。此项目是公共图书馆服务体系的补充，目的是打造"家门口"的图书馆。在《杭州市国土空间规划公共服务设施配套规定》（征求意见稿）中属于 10 ～ 15 分钟生活圈配套设施，每处建筑规模为 200 m² 左右。目前，杭州市已建成 129 家杭州书房，总面积超过 8 万 m²，年均举办文化和旅游服务活动近 3 000 场（图 3.1）。

图 3.1　杭州书房

总体而言，基层文化设施是具有多种功能的文化、教育、休闲活动的载体，也是促进邻里交往的场所，其规划是否合理、使用是否高效，不仅影响居民的日常生活质量，也反映出政府提供公共文化服务设施的能力和水平。

表 3.1　街道级基层文化设施控制规定

控制规定		国家标准	北京①	上海	南京	杭州	
名称		文化活动中心（含青少年活动中心、老年活动中心）	社区文化设施	社区文化活动中心	社区文化服务中心	文化活动中心	杭州书房
每处一般规模	建筑规模 /m²	3 000～6 000	700～1 000	≥4 500	4 000～5 000	5 500	200
	用地规模 /m²	3 000～12 000	—	—	—	—	—
千人指标	建筑规模 /m²	—	100	≥90	100～125	33（百户）	1.1（百户）
	用地规模 /m²	—	—	≥100	—	—	—
服务圈层		15 分钟生活圈	街区级	15 分钟生活圈	居住社区级	10～15 分钟生活圈	
服务规模		5 万～10 万人	0.7 万～1.0 万人	每街道设置 1 处	3 万～5 万人	—	
服务半径		不宜大于 1 000 m	—	不宜大于 1 000 m	—	800～1 000 m	
布局要求		宜联合建设	—	可综合设置	宜综合设置	可综合设置	

① 主要参照《北京市居住公共服务设施配置指标》。

表 3.2　社区级基层文化设施控制规定

控制规定		国家标准	北京	上海	南京	杭州
名称		文化活动站	社区文化室	文化活动室	基层社区文化服务中心	文化活动室
每处一般规模	建筑规模 /m²	250～1200	≥ 300	100	400～600	600
	用地规模 /m²	—	—	—	—	—
千人指标	建筑规模 /m²	—	—	—	50～80	25
	用地规模 /m²	—	—	—	—	—
服务圈层		5 分钟生活圈	—	5 分钟生活圈	5 分钟生活圈	5 分钟生活圈
服务规模		0.5 万～1.2 万人	人口大于 2 000 人	1.5 万人设置 1 处	—	—
服务半径		不宜大于 500 m	—	—	—	500 m
布局要求		宜集中布局、联合建设	—	宜综合设置	宜综合设置	可综合设置

3.1.3　基层文化设施的建设和使用概况

为贯彻国家政策,2002 年北京市研究制定了《北京市人民政府关于进一步加强基层文化建设的意见》,逐步开始基层文化设施建设。2015 年,北京市政府审议了"1+3"公共文化政策文件。该文件旨在贯彻国家公共服务建设相关文件精神,以实现基本公共文化服务标准化、均等化、社会化和数字化为目标,推动公共文化法制化建设。其中,"1"是《北京市人民政府关于进一步加强基层公共文化建设的意见》,"3"是《首都公共文化服务示范区创建方案》《北京市基层公共文化设施建设标准》《北京市基层公共文化设施服务规范》等三个支撑性文件。这些文件构成了北京市公共文化服务体系的基本框架,共同推进基层公共文化服务的发展(表3.3)。截至 2021 年,北京市街道(乡镇)综合文化中心有 337 个[①],各街道下辖的社区也基本配有社区文化室,中心城区基本可以实现街道和社区的全覆盖。

---

① 　数据来源于《2021 年北京市文化和旅游业统计报告》。

表 3.3　北京市城区基层文化设施配置标准

《北京市基层公共文化设施建设标准》（2015）			《北京市居住公共服务设施配置指标》（2015）
层级划分	规模 / 万人	建筑面积 /m²	千人指标 /m²
街道综合文化中心	常住人口 > 4.5	≥ 2 000	100（建筑面积）
	4.5 ≥常住人口≥ 2.5	≥ 1 500	
	常住人口 < 2.5	≥ 800	
社区综合文化室	常住人口 > 0.2	≥ 300	—
	常住人口≤ 0.2	≥ 200	

通过研究团队近年来对北京市中心城区典型街道的实地调研来看，目前基层文化设施的服务功能、规模、空间分布和居民使用情况主要有以下特征[①]。

1. 街道综合文化中心

街道综合文化中心的服务功能多样化，除图书及报刊阅览外，还提供各具特色的文化服务，如读书分享、知识讲座、书画学习等，部分文化中心还为学生提供免费的自习室。综合文化中心也是进行娱乐休闲活动的场所，可为文艺团队提供排练、演出等功能空间。部分文化中心也会定期举办群众文化演出，成为彰显社区文化的一种手段。从功能空间来看，综合文化中心主要由图书阅览和借阅区、文化活动区及服务区组成。其中，图书阅览和借阅区包括各种类型的阅览室、外借室等；文化活动区包括培训教室、展览室、健身房、排练室等，配有音响、多媒体等设备；部分文化中心还设有咖啡店、茶室等服务空间。很多功能空间免费对外开放，辖区内居民可通过公众号等多种方式进行预约，使用比较高效（表 3.4）。

---

① 本章节内容主要来自研究团队近 5 年对北京市石景山区、西城区、通州区等基层文化设施的现状调查，调查内容包括基层文化设施的服务功能、规模、空间分布和居民使用情况。

表 3.4　典型街道综合文化中心案例比较

特征	金顶街街道综合文化中心	苹果园街道综合文化中心	古城街道综合文化中心	八角街道综合文化中心		老山街道综合文化中心	
				街道图书馆分馆	街道综合文化中心	西区	东区（与文创园共建）
街道规模	7.3 km², 6.7 万人	13.1 km², 9.7 万人	15.41 km², 6.7 万人	6.3 km², 11 万人		6.2 km², 4 万人	
主要服务	团队排练、书画学习、多功能室、展览、图书及报刊阅览	团队排练、多功能室、书画学习、展览、图书及报刊阅览；演出、讲座、培训等	团队排练、多功能室、书画学习、展览、图书及报刊阅览	书画室、健身室、多功能室、团队排练、图书及报刊阅览	图书借阅、文化活动、文艺演出、团队排练等	演出排练、辅导培训、休闲娱乐、健身场所	图书阅览、读书分享会、交响音乐会、家庭互动沙龙、书房志愿者活动
建筑规模 / m²	2 354	2 300	2 000	550	2 000	1 188	3 080
功能分区	文化区、共享区、儿童区、便民区、多媒体区等功能分区	舞蹈室、图书阅览室、会议室、合唱室、瑜伽室、棋牌室、健身室等多功能教室	亲子、智慧、茶艺、书画、图书分馆等 13 个功能厅室	图书阅览区、书画室、健身室、亲子乐园区和棋牌室	图书阅览区、各类多功能厅	多功能厅、团队排练场地、展览场地等	包括良阅书房、兰境艺术中心、像素画廊和全民畅读书店等
空间分布	独立式布局 / 居住区周边	由 3 处组成，2 处地下室，1 处独立式布局	混合式布局 / 底层 / 居住区周边	混合式布局 / 底层 / 居住区周边	独立式布局 / 居住区周边	独立式布局 / 居住区内	独立式布局 / 文化创意产业园内
照片							

通过对北京市中心城区所有街道综合文化中心数据的整理和分析，建筑面积在 1 000～3 000 m² 的文化中心数量最多，占比超过 50%；面积大于 3 000 m² 的文化中心占比 27%；面积小于 1 000 m² 的文化中心占比 26%。北京市中心城区共有 134 个街道，街道平均常住人口 8.2 万人，各街道常住人口差距较大。约 75% 的街道常住人口大于 4.5 万人，约 30% 的街道常住人口大于 10 万人，人口最多的街道超过 20 万人。参照《北京市基层公共文化设施建设标准》（2015），对比各街道的人口规模和文化中心的建筑面积总量，符合指标要求的不到 50%，能满足千人指标要求的街道更是屈指可数。因此，从总量来看，目前基层文化设施的规模远不能满足

要求。

在空间布局上，街道综合文化中心采用独立式布局或与其他功能混合布置。从区位来看，大多数街道综合文化中心位于居住区内部或周边，服务半径以 1 000 m 计算，基本可以覆盖城市居住用地（图 3.2）。

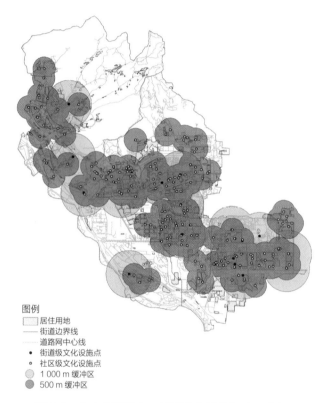

图 3.2 北京市石景山区基层文化设施缓冲区分析

2. 社区文化室

与街道综合文化中心相比，社区文化室的建设和使用情况差距较大。文化室的功能主要是提供书报阅览和多种活动空间，建筑面积一般在 300 ~ 400 m²。大型文化室的建筑面积可超过 1 000 m²，提供的服务类型也更加丰富。另外，也有很多社区的文化室面积非常小，难以满足最低 200 m²

的规范要求，室内设备简单。从使用情况来看，优秀的社区文化室往往结合社区自身的需求，特征鲜明，广泛吸取居民意见，注重公众参与，并以文化室为载体，组织社区居民参与社区活动，增强社区凝聚力（表 3.5）。但也有大量的社区文化室因空间质量低下、功能配置单一、开放性不足等问题而处于闲置状态，居民使用率不高。

从空间布局来看，社区文化室属于社区居委会的辖区范围，因此整体分布比较均匀（图 3.2）。在建筑形式上，独立式建筑少，混合式建筑居多，多占用建筑的底层局部空间；也有文化室位于地下或半地下空间，环境质量欠佳。

表 3.5　优秀的社区文化室案例

特征	安贞街道裕民路社区"读聚时光"阅读基地	八里庄街道"地瓜社区"文化空间场馆	八角街道杨庄中区社区文化活动室	广宁街道高井路冬奥社区文化活动室	德胜街道六铺炕南小街社区德邻文化中心	展览路街道阜外西社区活动室
服务特色	以儿童、青少年活动为切入点，打造综合性社区阅读、活动的交流平台	将闲置的社区地下空间改造为社区共享客厅	创新公共文化服务供给模式，通过政府购买服务方式，引入驻区文化企业作为运营主体	以冬奥社区特色文化活动为主题	宣传、普及传统文化	集党建文化、书香文化、科学普及、全民健身、社区教育等功能于一体的群众文化活动场所
建筑规模 /m²	1 600	1 400	550	493	425	521
功能分区	低幼绘本馆、儿童文学馆、艺术培训场地、名家讲座场地等	公共休闲、亲子阅读、乒乓桌游、社区会客厅、社区课堂等	多功能活动厅、儿童阅读区、电子阅览区、图书区和休闲运动区	图书室、活动室、冬奥陈列室，进行冬奥主题宣传活动	图书室、书画大教室，以及摄影、古琴、茶道、手工、篆刻等小型特色活动室	党建园地、多功能厅、书法厅、特色阅读空间、播音教室、书法教室、科普活动室
空间分布	地下空间	地下空间	混合式 / 底层	独立式	独立式	混合式 / 底层
照片						

近年来，研究组对北京市石景山区、通州区、西城区的基层文化设施进行了实地走访，并通过问卷调查和访谈等方式对基层文化设施的使用人群、使用情况、满意度和需求等进行调查。总体来看，基层文化设施的使用率并不高，在对1 000名居民的调查中，只有30%左右的居民使用过基层文化设施，17%左右的居民经常使用基层文化设施或经常参加街道和社区举行的文化活动。相比之下，街道综合文化中心由于馆藏丰富、功能空间多样、室内环境质量较高，居民使用的满意度较高；而社区文化室由于功能单一、室内空间环境欠佳等问题，缺少对居民的吸引力。但总体而言，大部分居民认为自己很少享受到基层文化设施提供的文化服务，对于基层文化的认同感偏低。从使用群体来看，目前基层文化设施的使用对象以各类文化机构、艺术团体为主，参与人群主要是社区工作人员和积极分子。社区普通居民的参与率较低，参与者以老年人和儿童为主。在对居民使用意愿的调查上，95%的居民认为文化活动中心和文化室的建设具有必要性，对科普活动、文化活动和艺术活动的参与意愿都比较高。通过对未使用过基层文化设施的居民进行访谈，出于对设施不了解而未使用的居民占40%。由此可见，基层文化活动的宣传普及度较低、开放性不足是设施使用率不高的重要原因。在功能服务方面，居民对休闲娱乐、健身运动等功能更加关注，并希望延长开放时间，增加开放性，也希望多开展如电影放映、文艺表演等社区公益活动。在出行方式上，步行是居民认为到达基层文化设施的最佳方式，普遍希望能在5 ～ 10分钟到达文化活动场所，接受15分钟以上步行路程的居民比例不高。在基层文化设施的空间布局上，出于日常生活行为的考虑，50%的居民认为基层文化设施应该与公园、绿地、广场有更紧密的空间联系，22%的居民认为基层文化设施可与老年设施相结合。

3.2 全民健身背景下的基层体育设施建设

3.2.1 全民健身政策的发展演变

我国体育设施的建设从 20 世纪 80 年代开始，伴随着综合国力的增强，走上由举办大型体育赛事引领场馆建设的发展道路，大中型运动场馆建设是体育设施建设的重点。2008 年以后，我国体育事业发生了历史性的转型，竞技体育的成就使我国从体育大国变为体育强国，但相比之下，大众体育和日常体育活动则相对落后。在这样的背景下，国家对体育事业和体育设施建设的政策也发生了相应的转变，开始重视全民健身运动的开展和基层体育设施的规划建设。2009 年，国务院颁布《全民健身条例》，指出要加大对城市社区等基层公共体育设施建设的投入，促进全民健身事业均衡协调发展。2011 年，国家体育总局印发的《体育事业发展"十二五"规划》提出，要促进以区县为中心、以街道乡镇为基础、方便社区居民日常体育锻炼的公共体育设施网络建设。

2014—2016 年是我国体育行业大力发展的时期，国家相继出台重要的纲领性文件。2014 年，国务院印发《国务院关于加快发展体育产业促进体育消费的若干意见》，首次将全民健身上升为国家战略。文件提出，要促进群众体育与竞技体育全面发展，满足人民群众日益增长的体育需求，并营造健身氛围，鼓励日常健身活动。2016 年，国家体育总局印发《体育发展"十三五"规划》，明确"十三五"时期要落实全民健身国家战略，加快推动群众体育发展，包括加强健身场地设施建设与管理、广泛开展丰富多样的全民健身活动、基本建成覆盖全社会的全民健身组织网络等。同年，国务院印发《全民健身计划（2016—2020 年）》，要求按照配置均衡、规模适当、方便实用、安全合理的原则，统筹建设全民健身场地设施，构建县（市、区）、乡镇（街道）、行政村（社区）三级群众身边的全民健身设施网络和城市社区 15 分钟健身圈。2016 年 10 月，中共中央、国务院印发《"健康中国 2030"规划纲要》，提出完善全民健身公共服务体系，加强健身步道、骑行道、全民健身中心、体育公园、社区多功能运动场等场地设施建设。这些文件对于指导基层体育设施和空间的建设发挥了重要的作用。目前，全民健身是我国重要的国家战略，也是推进健康中国发展的重要途径，而基层体育设施作为居民日常健身运动的载体，它的建设质量对营造运动氛围、激发居民参与热情、提高身体健康水平至关重要。

3.2.2 基层体育设施的配置要求

在 1980 年的《城市规划定额指标暂行规定》中，体育设施与文化设施并称为文体设施，且只有运动场一类项目。在 1993 年的《城市居住区规划设计规范》中，体育设施依然与文化设施合并为一大类，主要项目类型是居民运动场地。2002 年，在对居住区规划设计规范的修订中，体育设施扩展为居民运动场馆和居民健身设施，其中居民运动场馆为居住级配套设施，居民健身设施为小区级和组团级配套设施。2005 年，建设部（现住房和城乡建设部）、国土资源部（现自然资源部）编制了《城市社区体育设施建设用地指标》，规定了社区体育设施的内容及相应的配建标准。全国很多居住区据此配建了户外活动场地和健身器械。

在现行的《城市居住区规划设计标准》中，城市基层体育设施主要分为 15 分钟生活圈和 5 分钟生活圈两级配置。其中 15 分钟生活圈主要包括体育场馆或全民健身中心、大型多功能运动场地和中型多功能运动场地，服务半径为 1 000 m。体育场馆或全民健身中心具备多种健身设施，是专门用于开展体育健身活动的场馆；大型和中型多功能运动场地主要用于开展各种类型的户外球类运动。5 分钟生活圈主要配置小型多功能运动场地和室外健身场地，是老年人和儿童进行日常户外活动或游戏的场所，包含小型球场或简单的健身设施，服务半径一般为 300 m。此外，一些城市还对健身步道等设施类型进行了规范。从整体配置体系来看，各城市的差距比较明显（表 3.6、表 3.7）。

表 3.6　街道级基层体育设施配置规定

配置要求		国家标准			北京	上海			南京	杭州		
名称		体育场馆或全民健身中心	大型多功能运动场地	中型多功能运动场地	室内体育设施	综合健身馆	游泳馆	多功能运动场地	体育活动中心	体育场馆或全民健身中心	大型多功能运动场地	中型多功能运动场地
每处一般规模 /m²	建筑规模	2 000～5 000	—	—	700～1 000	1 200～1 800	800	300	3 600～4 000	5 000	—	—
	用地规模	1 200～15 000	3 150～5 620	1 310～2 460	—	—	—	—	10 000～20 000	18 000	3 150	1 310
千人指标 /m²	建筑规模	—	—	—	100	36	16	—	75～130	35	—	—
	用地规模	—	—	—	—	40	60	140	250～500	80	15	25
服务圈层		15 分钟生活圈		10 分钟生活圈	15 分钟生活圈	15 分钟生活圈			居住社区级	10～15 分钟生活圈		
服务规模		5 万～10 万人		1.5 万～2.5 万人	0.7 万～1.0 万人	每街道设置 1 处			3 万～5 万人	—		
服务半径 /m		1 000	1 000	500	—	1 000			—	800～1 000		
布局要求		—	宜结合公共绿地	—	—	可综合设置	可综合设置	可综合设置	—	可综合设置	宜独立占地	

表 3.7　社区级基层体育设施配置规定

配置要求		国家标准		北京	上海	南京	杭州
名称		小型多功能运动（球类）场地	室外综合健身场地（含老年户外活动场地）	室外运动场地	健身点	体育活动站 / 场	室外综合运动健身场地
每处一般规模 /m²	建筑规模	—	—	—	—	200	—
	用地规模	770～1 310	150～750	200	300	≥ 600	950
千人指标 /m²	建筑规模	—	—	—	—	20～40	—
	用地规模	—	—	250～300	—	80	55
服务圈层		5 分钟生活圈	5 分钟生活圈	项目级	5 分钟生活圈	基层社区级	—
服务规模		0.5 万～1.2 万人	—	0.1 万～0.5 万人	0.5 万人设置 1 处	—	—
服务半径 /m		300	300	—	—	—	300
布局要求		—	—	—	—	—	可综合设置

3.2.3 基层体育设施的建设和使用概况

《北京市居住公共服务设施配置指标》对基层体育设施的分类仅有室外运动场地、老年活动场地和室内体育设施。由于该标准出台较早，指标要求与其他城市规范相比明显偏低。2020年，为贯彻全民健身战略，北京市体育局、北京市规划和自然资源委员会联合编制了《北京市体育设施专项规划（2018年—2035年）》。专项规划将体育设施分为城市级、地区级、街道级和社区级。其中，街道级体育设施服务各区街道、乡镇，以全民健身活动为主要功能，兼顾青少年体育功能，主要满足专业性较强、场地需求较大的群众体育项目。在功能配置上，街道级体育设施以中型全民健身中心和中型体育公园为主要内容，构成骑行15分钟的"3公里健身圈"。中型全民健身中心主要提供占地面积较大、专业性较强的全民健身服务项目，独立占地，用地面积为1～3 hm²，服务人口10万～15万人，包含各类室内外运动场地及青少年运动场地。中型体育公园是以室外体育场地为主的公园，也要求独立占地，用地面积为3～8 hm²，可在大型居住区周边选址，绿地率不宜高于20%。社区级体育设施服务社区、行政村居民，以日常基本的健身活动功能为主。在功能配置上以小型多功能运动场地和小型体育公园为主要内容，构建步行15分钟的"1公里健身圈"。小型多功能运动场地主要提供占地较小、普及度较高的全民健身服务项目，以独立占地为宜，用地面积为0.1～1.0 hm²，服务人口3万～5万人，包含多功能场地、老年人健身广场、儿童活动场地等。小型体育公园是以室外体育场地为主的公园，独立占地，用地面积为1～3 hm²，可在居住区周边选址，绿地率不宜高于20%（表3.8）。

《北京市体育设施专项规划（2018年—2035年）》与《北京市居住公共服务设施配置指标》中的配置层次并不对应。从生活圈的角度来看，其规划对象是15分钟生活圈及以上层级的体育设施。15分钟生活圈以下层级的体育设施仍需要参照《北京市居住公共服务设施配置指标》。

表 3.8　典型街道综合体育设施案例

特征	展览路街道党群中心运动场地	白纸坊街道市民冰雪体验中心	鲁谷街道五芳园健身苑	新街口城市森林健身步道	广宁街道冬奥社区文化健身广场
类型	室外运动场地	室内运动场馆	室外运动场地	室外健身步道	室外运动场地
规模	用地规模 1.2 万 m^2	建筑规模 800 m^2	用地规模 1.0 万 m^2	长度 340 m	用地规模 4 000 m^2
主要功能	笼式足球场、篮球场、门球场、羽毛球场与乒乓球场	滑雪体验区、攀岩区、冰蹴球体验区	篮球场、足球场、乒乓球场、儿童娱乐场地	健身步道	广场、冰雪活动场地、儿童活动场地
照片					

　　从北京市中心城区的实际建设情况来看，城市级、地区级的体育场馆规模较大、功能复合，但基层体育设施仍处于较为落后的状态。在 5 分钟生活圈层中，社区基本都配置了室外综合健身场地（含老年户外活动场地）。这些场地或与社区文化设施合用，或独立占地，但社区与社区之间差距较大。有的社区拥有自己的球类场地，如乒乓球台、棋盘桌、无网羽毛球场、儿童游乐设施、健身路径等（图 3.3）；而大量老旧社区的健身场地非常简单，以简单的健身器材为主，场地规模和形态仅能满足活动量较小的老年人和低龄儿童。

图 3.3　典型社区综合室外健身场地

15分钟圈层的街道级体育设施主要为综合运动场地、健身中心和各类球场。与社区室外健身场地相比，街道级综合体育场馆更为缺乏，大部分地区缺少这一级别的综合性体育设施（图3.4）。从设施总量来看，很多街道配置指标不达标，规模很难达到居民的使用要求，也是亟须补齐的短板。城市公园、绿地、广场或街头空地也是居民进行户外活动的场所，可以承担简单的体育活动，成为基层体育设施的有力补充。将体育活动与公园绿地相整合也是社区建设的趋势。整体而言，目前依然存在基层体育设施类型单一、规模不足、提供的服务内容有限等问题。在15分钟生活圈内，儿童及青少年进行特定体育活动的中小型运动场地缺乏，成为限制居民开展体育活动的重要因素。

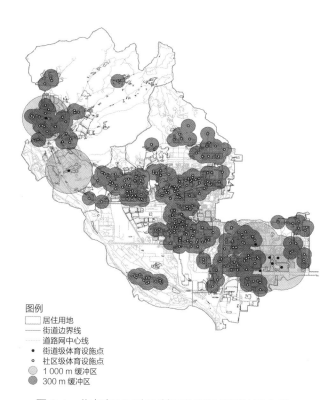

图3.4　北京市石景山区基层体育设施缓冲区分析

从居民日常的运动需求来看,相关研究显示,我国的运动群体以儿童、青少年和老年人居多,而中青年人参加体育活动的比例最少,整体呈"马鞍形"分布(张健 等,2019)。研究团队对 1 000 名儿童、青少年和老年人进行问卷调查,统计日常运动需求,内容包括运动的类型、频率、地点、时长,以及需求、满意度等。调查显示,儿童及青少年日常从事体育活动或户外活动的比例很高,仅有 1.7% 的受访者表示,由于身体或学习原因很少进行体育活动或户外活动。另外,他们对基层体育设施和场地的建设需求也非常强烈,同时希望体育设施能与公园、幼儿园或小学等公共服务设施有空间上的关联。居民对体育设施和场地的需求与其从事的体育活动或户外活动有关,不同年龄段的居民对场地专业性的要求也不同。例如:低龄儿童主要在有沙坑、滑梯等简单游戏设施的空地上活动;中小学生除跑步、跳绳等活动外,也会参与篮球、足球、游泳等运动量较大的体育活动,简单的场地无法满足运动需求,需要相对专业的场地和设施。由于专业的场地和设施在社区层面比较缺乏,因此这类人群在社区内进行体育活动的频率较低,对基层体育设施的总体满意度也不高。从出行方式来看,步行或骑行是儿童及青少年的主要出行方式。对于基层体育设施的空间布局,多数受访者希望体育设施和场地能位于 5 分钟步行范围内,专业型的综合体育场馆可接受其位于 15 分钟步行范围内。老年人进行日常户外活动的比例也很高,根据调查显示,49% 的老年人每天都要进行体育活动,其中 65～70 岁的老年人是主要的活动人群。老年人一般在步行 10 分钟以内的空间范围活动,包括社区健身场地、老年活动中心、健身步道、公园、绿地等,活动的类型主要是跳广场舞、健身、下棋和散步。老年人整体上对体育设施和场地的满意度高于儿童、青少年,因为老年人从事的体育活动对场地要求相对简单,目前社区的健身场地可以满足简单的户外活动。由于居民从事体育活动的类型多样,且需要不同的场地,在城市中心城区用地紧缺的条件下,基层体育设施的规划颇具难度,需要采用多元化、综合性的供给模式。

3.3 医养结合理念下的基层医疗和养老设施建设

3.3.1 基层医疗和养老设施的发展演变

1. 基层医疗设施

基层医疗设施是我国医疗卫生服务体系和社区建设的重要组成部分，是以社区、家庭与居民为服务对象，以妇女、儿童、老年人、慢性病患者、残疾人等为重点服务人群，提供常见病或多发病的预防、保健、医疗、康复、健康教育等服务的，综合性、非营利性的基层卫生服务机构，包括社区卫生服务中心（站）、乡镇卫生院、村卫生室、诊所和门诊部（医务室、护理站）。基层医疗机构一方面是实现居民就近、方便就医的首要环节，另一方面发挥着居民健康管理和医疗费用"守门人"的重要作用（周忠良 等，2023），是实现初级卫生保健目标及分级诊疗制度的关键环节。

我国基层医疗卫生服务起步较晚，20 世纪 80 年代后期，伴随全科医学的发展，我国部分城市启动了基层医疗卫生服务试点工作。但总体而言，当时我国医疗卫生事业整体落后明显，与社会经济发展的要求严重不适应。1997 年，中共中央、国务院印发《关于卫生改革与发展的决定》，做出了改革城市卫生服务体系、积极发展社区卫生服务的战略决议，明确了基层医疗卫生机构的定位和职责。1999 年，卫生部（现国家卫健委）等 10 部委出台《关于发展城市社区卫生服务的若干意见》，进一步明确了社区卫生服务的主要内容和原则。2006 年，国务院印发《关于发展城市社区卫生服务的指导意见》及《城市社区卫生服务机构设置和编制标准指导意见》等九个配套文件，由此我国社区卫生服务进入实质性快速发展阶段。文件明确指出，基层医疗卫生服务网络以社区卫生服务中心和社区卫生服务站为主体，以诊所、医务所（室）、护理院等其他基层医疗机构为补充。大中型城市原则上按照 3 万～ 10 万居民，或按照街道办事处所辖范围规划设置一所社区卫生服务中心，并根据需要设置若干社区卫生服务站。

2015 年，由于基层医疗设施存在服务能力不足、居民使用效率偏低等问题，我国开始实施分级诊疗制度。2015 年 3 月，国务院办公厅印发《全国医疗卫生服务体系规划纲要（2015—2020 年）》，提出对医疗卫生机构进行分级分类管理。社区卫生服务中心负责提供基本公共卫生服务，以及常见病、多发病的诊疗、护理、康复等综合服务。社区卫生服务站在社区卫生服务中心的统一管理和指导下，承担居委会范围内人群的基本公共卫生服务，以及普通常见病、多发病的初级诊治、康复等工作。

根据国家卫健委发布的《2022 年我国卫生健康事业发展统计公报》，我国共有社区卫生服务中心 10 353 个，社区卫生服务站 26 095 个。各类基层医疗卫生机构及卫生人员基本实现街道、社区全覆盖。

2. 基层养老设施与医养结合理念

我国基层养老设施建设源自"社区服务"概念的出现，并伴随人口老龄化的加剧而逐渐受到重视。20 世纪 80 年代末，社会主义市场经济的发展使城市"单位制"及其承担的福利功能随之消解，单位型生活保障制度逐渐向社会保障制度转变。1993 年，民政部等 14 部委联合印发《关于加快发展社区服务业的意见》，提出社区服务业是在改革开放中发展起来的新兴社会服务业，要求大力开展以街道、镇和居委会的社区组织为依托，满足老年人、残疾人等需求的社区服务网络。1999 年，国家启动了基本公共卫生服务项目，将老年健康管理服务列入其中，由社区卫生服务机构为老年人提供健康管理服务。2008 年，全国老龄委办公室等部门印发《关于全面推进居家养老服务工作的意见》，提出建立和完善社区居家养老服务网络，按照当地社区建设规划和老年人的实际需要，在城市社区建设综合性居家养老服务中心、居家养老服务站点等设施，推动专业化的老年医疗卫生、康复护理、文体娱乐、信息咨询、老年教育等服务项目的开展，构建社区为老服务网络。

与基层医疗设施一样，基层养老设施也起步于 20 世纪 80 年代末，二者后来均得到了较快发展。在此阶段，基层医疗设施主要提供常见病治疗、预防保健、康复护理等服务，针对老年人的上门巡诊、家庭病床等服务内容较少。基层养老设施主要通过建立老年人照料中心、活动中心等提供家政助老服务，二者之间没有明显的融合关系（郑研辉 等，2021）。1999 年，我国正式进入老龄化社会，并成为世界上人口老龄化速度最快的国家之一，老年人的生活照顾和医疗服务成为难题。由于我国的医疗资源和养老资源相对稀缺，因此整合发展成为一种趋势。2011 年 9 月，国务院印发《中国老龄事业发展"十二五"规划》，提出建立以居家为基础、社区为依托、机构为支撑的养老服务体系，基层医疗卫生机构要在辖区内为老年人开展医疗、护理、卫生保健、健康监测等服务，为老年人提供居家康复护理服务。这是医养结合理念首次体现在政策中。2013 年 9 月，国务院印发《关于加快发展养老服务业的若干意见》，明确提出应积极推进医疗卫生与养老服务相结合，医疗卫生资源要进入养老机构、社区和居民家庭，推动医养融合发展。

2015 年 3 月，国务院办公厅印发《全国医疗卫生服务体系规划纲要（2015—2020 年）》，指出我国老龄化的进程与家庭小型化、空巢化相伴随，老年人口医养结合需要更多的卫生资源支撑；应进一步提高社区卫生服务机构为老年人提供日常护理、慢性病管理、康复、健康教育和咨询、中医养生保健等服务的能力，鼓励医疗机构将护理服务延伸至居民家庭。2015 年 11 月，国家卫计委（现国家卫健委）、国家中医药管理局印发《关于进一步规范社区卫生服务管理和提升服务质量的指导意见》，提出社区卫生服务机构病床以护理、康复为主，有条件的可设置临终关怀、老年养护病床。2015 年 11 月，国家卫计委、民政部等 9 部委联合出台《关于推进医疗卫生与养老服务相结合的指导意见》，更加明确了医养结合的原则、目标、措施等，推动实现基层医疗卫生机构与社区养老服务机构的无缝对接。目前，基层医疗卫生机构是实现老年人就近就医的"主战场"，是辖区内老年人健康的"守门人"。2020 年,《中共中央关于制定国民经济和社会发展第十四个五年规划和二〇三五年远景目标的建议》首次将积极应对人口老龄化上升到国家战略层面。我国"以居家为基础、社区为依托、机构为补充、医养相结合"的养老服务体系逐步形成(王芳 等,2022)。

3.3.2 基层医疗和养老设施的配置要求

1. 基层医疗设施

基层医疗设施在发展之初就确定了结合基层行政管理单位及辖区人口规模来设置设施的建设标准。《城市居住区规划设计规范》将医疗卫生设施分为综合性医院、门诊所和卫生站。其中,综合性医院按 10 万人左右配置,建筑规模一般为 12 000 ~ 18 000 m²。2002 年版规范明确社区卫生服务站按 1.0 万 ~ 1.5 万人配置,建筑面积为 300 m²,并增加针对健康状况较差或恢复期的老年人日常护理的护理院。可见,这时的综合性医院规模和服务人口要大于目前的社区卫生服务中心。2013 年,住房和城乡建设部、国家发展和改革委员会发布《社区卫生服务中心、站建设标准(建标 163—2013)》,按照服务人口规模确定建设规模。社区卫生服务中心服务人口小于 5 万人(含 5 万人)时,建筑面积为 1 400 m²;服务人口为 5 万 ~ 7 万人(含 7 万人)时,建筑面积为 1 700 m²;服务人口大于 7 万人时,建筑面积为 2 000 m²。社区卫生服务站服务人口宜为 0.8 万 ~ 1.0 万人,建筑面积为 150 ~ 220 m²。之后的《城市居住区规划设计标准》也采用相似的规定,社区卫生服务中心按照 15 分钟生活圈配置,建筑面积为 1 700 ~ 2 000 m²,服务半径不大于 1 000 m;卫生服务站按照 5 分钟生活圈配置,建筑面积为 120 ~ 270 m²,服务半径不大于 300 m。从北京、上海等几个大城市来看,社区卫生服务中心和服务站的建设规模普遍高于国标要求,但配置模式基本一致(表 3.9、表 3.10)。

表 3.9　社区卫生服务中心控制要求

配置要求		国家标准	北京	上海	南京	杭州
名称		社区卫生服务中心	卫生服务中心	社区卫生服务中心	社区卫生服务中心	社区卫生服务中心
每处一般规模	建筑规模 /m²	1 700～2 000	3 000	4 000	4 000～5 000	3 815（3.5 万～5.0 万人）
	用地规模 /m²	1 420～2 860	—	4 000	3 000～5 000	—
千人指标	建筑规模 /m²	—	60	60～80	100～125	27.25（3.5 万～5.0 万人）
	用地规模 /m²	—	75	60	75～125	—
服务圈层		15 分钟生活圈	街区级	15 分钟生活圈	居住社区级	10～15 分钟生活圈
服务规模		5 万～10 万人	3 万～5 万人	每街道设置 1 处	每街道设置 1 处	每街道设置 1 处
服务半径 /m		1 000	—	1 000	—	800～1 000
布局要求		结合街道办事处管辖地区设置	—	鼓励与为老设施同址或邻近设置	—	可综合设置

表 3.10　社区卫生服务站控制要求

配置要求		国家标准	北京	上海	南京	杭州
名称		社区卫生服务站	社区服务站	卫生服务站	社区卫生服务站	社区卫生站
每处一般规模	建筑规模 /m²	120～270	120	150～200	150～300	150～220
	用地规模 /m²	—	—	—	—	—
千人指标	建筑规模 /m²	—	24	10～15	15～30	—
	用地规模 /m²	—	—	—	—	—
服务圈层		5 分钟生活圈	社区级	—	基层社区级	5 分钟生活圈
服务规模		0.5 万～1.2 万人	0.7 万～2.0 万人	1.5 万人设置 1 处	1.0 万人设置 1 处	—
服务半径 /m		300	—	—	—	300
布局要求		应位于建筑首层	—	—	宜设置于建筑首层	可综合设置

2. 基层养老设施

1993 年的《城市居住区规划设计规范》中是没有养老设施这一类别的。20 世纪 90 年代之后，城市社区服务事业逐渐发展，因此在 2002 年对规范进行修订时增加了社区服务类别，养老设施是包含在社区服务类别中的，具体包括养老院和托老所。养老院为居住区级配套设施，提供全托式服务；托老所为居住小区级配套设施，提供餐饮、医疗保健、文娱等日托服务。自此，基层养老设施成为居住区重要的配套设施，类型也逐渐丰富。目前，《城市居住区规划设计标准》规定在 15 分钟生活圈配建养老院和老年人养护院。其中，养老院主要为自理、介助和介护老年人提供生活起居、餐饮服务、医疗保健、文化娱乐等综合服务；老年人养护院主要针对介助和介护老年人，除基本的生活护理、医疗保健外，还提供心理疏导、临终关怀等服务。5 分钟生活圈配置老年人日间照料中心，提供日托服务，包括餐饮、文娱、医疗保健等。从各城市的建设情况来看，城市基层养老设施的规模不等，但服务等级和功能要求基本相似。除上述基本养老设施外，一些城市也探讨采用多种设施配置模式满足老年人居家养老的需求（表3.11、表3.12、图3.5），如上海市从 2019 年起建设价格亲民的长者食堂，为老年人提供就餐和送餐服务。

表 3.11　街道养老设施配置要求

配置要求		国家标准		北京	上海	南京		杭州	
名称		养老院	老年人养护院	机构养老设施	社区养老院	社区居家养老综合服务中心	养老院	街道级养老院	区域性居家养老服务中心
每处一般规模	建筑规模 /m²	7 500～17 500; 200～500 床	3 500～17 500; 100～500 床	100 床, 3 000～5 000; 300 床, 9 000～15 000	≥3 000	建筑面积不小于1 000(有10个以上短期照料服务床位)	不少于120 床; 建筑面积不小于每床35 m²	3 000	2 000～3 000
	用地规模 /m²	3 500～22 000	1 750～22 000	—	—	—	用地面积为每床18～44 m²	3 400	—
千人指标	建筑规模 /m²			240～400	≥120			53	36
	用地规模 /m²			160～480	≥120			60	—
服务圈层		15 分钟生活圈		街区级	15 分钟生活圈	居住社区级		10～15 分钟生活圈	10～15 分钟生活圈
服务规模		5 万～10 万人		1.25 万～3.75 万人	每街道设置1 处	每街道设置1 处	3 万～5 万人	—	每6 000～8 000 户集中设置1 处
服务半径 /m		—		—	—	—	—	—	800～1 000
布局要求		宜邻近社区卫生服务中心、公共服务中心等		—	可综合设置	可与社区卫生中心毗邻设置	宜邻近医疗卫生、文体等设施	可综合设置	

表 3.12　社区养老设施配置要求

配置要求		国家标准	北京	上海	南京	杭州
名称		老年人日间照料中心（托老所）	托老所	日间照料中心	居家养老服务站	居家养老服务照料中心
每处一般规模	建筑规模 /m²	350～750	800	≥200	—	300
	用地规模 /m²	—	—	—	—	—
千人指标	建筑规模 /m²	—	90	40	新建小区应按每百户不小于 30m² 配建	30
	用地规模 /m²	—	130	—	—	—
服务圈层		5 分钟生活圈	—	10 分钟生活圈	基层社区级	5 分钟生活圈
服务规模		0.5 万～1.2 万人	0.7 万～1.0 万人	每街道设置 1 处	0.5 万～1.0 万人	
服务半径 /m		300	—	500	—	300～500
布局要求		—	—	鼓励与长者照护之家、老年助餐等集中设置	宜邻近医疗卫生、文体等公共服务设施布局。宜与基层社区卫生服务站合作运营	可综合设置

图 3.5　上海市天平街道党群服务中心及长者食堂

3.3.3 基层医疗和养老设施的建设和使用概况

1. 基层医疗设施

北京市基层医疗设施建设主要参考《北京市居住公共服务设施配置指标》和《北京市社区卫生服务机构规划与建设标准》等文件。目前，基层医疗设施主要的功能除了开展门诊常见病、多发病、慢性病的诊疗服务，还包括社区预防、社区保健、社区健康教育宣传、社区公共卫生应急预防与管理等服务，与社区建设、居家社区养老等功能紧密结合。在建设方式上，根据 2022 年北京市发展和改革委员会、北京市财政局等部门最新发布的《北京市社区卫生服务机构规划与建设标准》，社区卫生服务中心按照行政区进行规划，以街道、乡镇为单位，结合服务人口、地域特点、服务半径等情况设置。原则上每个街道设置一所社区卫生服务中心，服务人口以 5 万人、7 万人、10 万人为等级，满足步行 15 分钟的要求。当服务人口多于 7 万人时，社区卫生服务中心业务用房建筑面积不小于 5 500 m²；当服务人口在 5 万～ 7 万人时，业务用房建筑面积不小于 4 500 m²；当服务人口少于 5 万人时，业务用房建筑面积不小于 3 500 m²。服务人口超过 10 万人的街道，需扩大服务中心面积或增加服务中心数量，每增加 5 万～ 10 万人，需增设一所社区卫生服务中心或分中心。

社区卫生服务中心以独立占地为宜，设置基本医疗服务区、公共卫生服务区、辅助医疗服务区、综合管理服务区四个区域。其中，基本医疗服务区包括全科医疗、中医科、康复科、老年科、儿科等科室；公共卫生服务区包括预防保健、体检等功能；辅助医疗服务区包括各种检验、影像、拿药等功能。社区卫生服务站服务人口为 1.0 万～ 1.5 万人，当服务人口多于 1.5 万人时，业务用房建筑面积不小于 550 m²；当服务人口在 1.0 万～ 1.5 万人时，业务用房建筑面积不小于 450 m²；当服务人口少于 1 万人时，业务用房建筑面积不小于 350 m²。社区卫生服务站根据规模和功能选择性设置科室，至少设置全科医疗科、治疗室、药房等。空间布局上要满足步行 15 分钟的要求，服务半径为 1 000 m。根据北京市人民政府网站对定点医疗卫生机构的信息统计，截至 2023 年底，北京市中心城区内共有社区卫生服务中心 156 所、社区卫生服务站 685 所。少数街道尚未设置社区卫生服务中心或建筑规模不达标，总体设施覆盖率较高（图 3.6）。

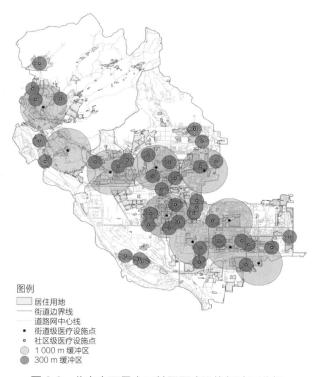

图 3.6　北京市石景山区基层医疗设施缓冲区分析

　　从使用情况来看，老年人使用社区卫生服务中心的效率较高，可以满足日常的体检、拿药、简单治疗等要求（表 3.13）。而多数的卫生服务站由于功能有限、医疗资源不足等问题，使用效率偏低。目前，也有社区卫生服务站采用与综合医院或社区卫生服务中心整合管理的方式，提升服务质量、扩展服务范围（表 3.14）。

表 3.13 典型社区卫生服务中心案例

特征	展览路卫生服务中心	新街口卫生服务中心	金顶街卫生服务中心	花园路社区卫生服务中心	蒲黄榆社区卫生服务中心
服务街道规模	5.8 km², 13.4 万人	3.7 km², 13 万人	7.3 km², 6.7 万人	6.3 km², 14 万人	2.25 km², 11 万人
主要功能服务	全科诊疗、预防保健、中医康复、口腔科、放射科、化验室等	全科诊疗、预防保健、中医及康复诊疗、口腔科、检验科	预防保健科、内科、外科、妇产科、儿科、口腔科、针灸科、家庭病床	急诊、全科、预防保健科、健康管理科、中医科、妇科、针推康复科、精神康复科、口腔科、检验科、心电图室等	预防保健科、全科门诊、中医科、口腔科、心理咨询室、X 光室、化验室、B 超室
医养结合途径	与综合医院建立对口支援;医保慢性病管理试点中心;与社区共建养老照料中心	家庭医生工作室	老年友善服务示范基地	针对老年人的中医、康复特色诊疗	家庭医生团队;健康北京示范基地
建筑规模 /m²	3 500	3 823	3 500	4 400	3 450
空间布局	毗邻城市干道,独立式布局	毗邻城市支路,独立式布局	毗邻城市干道,独立式布局	毗邻城市支路,独立式布局	毗邻城市支路,独立式布局
照片					

表 3.14 典型社区卫生服务站案例

特征	月坛街道三里河二区社区卫生服务站	刘娘府社区卫生服务站	朝内头条社区卫生服务站	复兴门铁路社区卫生服务站
服务规模	管辖面积 1.5 km², 涵盖 3 个居委会, 常住居民 1.6 万人	3.7 km², 13 万人	0.15 km²	辖区内有 2 个居委会, 1 万人
主要功能服务	全科医疗区(全科诊室、中医诊室、康复理疗室、治疗室、功能检查室、牙防保健室等)、预防保健区(免疫接种室、儿童健康体检室、智力筛查室、听力筛查室等)	全科诊室、中医科诊室、治疗室、输液室、西药房、化验室	全科诊室、中医诊室,提供康复、上门服务	全科、内科、中医、针灸、理疗、按摩、超声等
医养结合途径	依托综合医院;家庭医生式服务;中医	社区卫生服务中心下属机构;为慢性病老年患者提供生化检验和拿药服务	依托卫生服务中心;与社区服务站、养老服务驿站"三站"联动	依托综合医院,开通转诊绿色通道;健康讲座
建筑规模 /m²	850	380	400	750
照片				

2. 基层养老设施

北京是我国较早进入老龄化社会的城市，也是最早推行居家养老和实施医养结合政策的城市（刘雪娇 等，2021）。2008 年，北京市民政局等部门出台《关于加快养老服务机构发展的意见》，提出 90% 的老年人在社会化服务协助下通过家庭照顾养老，6% 的老年人通过政府购买社区照顾服务养老，4% 的老年人入住养老服务机构集中养老，简称"9064"模式。2015 年，北京市第十四届人民代表大会通过《北京市居家养老服务条例》，北京市民政局和规划委联合出台《北京市养老服务设施专项规划（2015—2020 年）》，这些文件进一步明确了居家社区养老的服务原则、配置指标、与基层医疗设施的合作模式等。为了贯彻上述文件，2016 年北京市老龄工作委员会印发《关于开展社区养老服务驿站建设的意见》，提出在社区层面开展社区养老服务驿站的建设。同年，北京市民政局发布《社区养老服务驿站设施设计和服务标准（试行）》，进一步明确养老服务驿站的建设标准。文件提出构建市、区、街道（乡镇）、社区（村）四级养老服务体系，其中街道养老服务由养老照料中心提供，社区养老服务由养老服务驿站提供。

街道养老照料中心主要接收有入住需求的基本养老服务对象，同时利用属地养老机构统筹引领和资源集中优势，面向辖区兴办养老机构，发挥示范规划作用，开展多样化的居家社区养老服务。规范要求每街道设置一个街道养老照料中心，中心城区建筑规模为每处 50 ～ 150 个床位，现状改扩建和其他设施改建机构的床均建筑面积不小于 30 m^2，新建机构的床均建筑面积不小于 40 m^2（表 3.15）。社区养老服务驿站是利用社区资源，就近为有需求的居家老年人提供生活照料、陪伴护理、心理支持、社会交流等服务，是街道养老照料中心功能的延伸（表 3.16）。社区养老服务驿站的功能包括日间照料、呼叫服务、助餐服务、健康指导、文化娱乐、心理慰藉等，具体可分为 A 型驿站、B 型驿站和 C 型驿站。A 型驿站主体服务区建筑面积原则上在 400 m² 以上；B 型驿站主体服务区建筑面积原则上为 200 ～ 400 m²；C 型驿站主体服务区建筑面积一般为 100 ～ 200 m²。养老服务驿站的空间布局以 15 分钟生活圈为服务范围，服务半径不超过 1 000 m。

表 3.15　典型街道养老照料中心案例

特征	苹果园街道养老照料中心	广宁街道养老照料中心	白纸坊街道颐寿轩养老照料中心	前门街道养老照料中心
服务街道规模	13.1 km²，9.7 万人	6.1 km²，1.4 万人	3.1 km²，8.2 万人	1.09 km²，0.9 万人
服务对象	自理、半自理、长期卧床、安宁疗护老人	自理、半自理、失能失智老人	自理、半自理、失能失智老人	高龄、自理、半自理及失能老人
主要功能服务	生活照顾（日常照料、家政服务、配餐送餐）、文娱活动、心理疏导、医疗护理	机构养老服务（全托）、社区托老服务（针对社区老年人的日间照料）、居家助老服务（助餐、助洁、助行、助医等）	个人生活照料、老年护理、心理/精神支持、协助医疗护理、膳食、洗衣、陪同就医服务等	以老年全托照料为主，包括日常生活照顾、康复服务、精神照料服务、健康保健等
医养结合途径	提供体检、康复保健、健康讲座、护理服务、上门医疗服务、绿色就医通道	与社区卫生服务中心签订医养合作协议	提供医疗护理服务、具备医保定点资质；与综合医院签订医养合作协议	与综合医院建立绿色通道和协作关系
建筑规模	占地面积 12 000 m²，建筑面积 4 500 m²，床位 310 个	建筑面积 1 159 m²，占地面积 2 100 m²，床位 57 个，其中日间照料床位 10 个	占地面积 4 000 m²，建筑面积 2 865 m²，68 个床位	1791 m²，33 个床位
空间布局	毗邻城市干道，独立式布局，与社区卫生服务站邻近布置	独立式布局	毗邻城市干道，独立式布局	毗邻胡同，独立式布局
照片				

表 3.16　典型社区养老服务驿站案例

特征	苹果园街道苹四区社区养老服务驿站	海特花园二区社区养老服务驿站	八角北里社区养老服务驿站	西黄新村东里社区养老服务驿站
服务社区规模	服务周边4个社区，服务老年人4 500人	服务周边4个社区，服务老年人3 500人	服务周边2个社区，服务老年人3 500人	服务周边3个社区，服务老年人2 000人
服务对象	自理、半自理、失能老人	自理、半自理、失能老人	自理、半自理、失能老人	自理、半自理、失能老人
主要功能服务	日托、全托、医疗护理、就餐、上门服务（基础家政、居家护理、陪同就医、上门送餐）	日间照料、短期托管、上门服务、居家助老服务（助洁、助浴、助医、心理慰藉等）	日间照料、助餐服务、健康指导、文化娱乐、心理慰藉、居家服务（助浴、助洁、助行等）	日间照料、居家助老服务（助餐、健康指导、文化娱乐、心理慰藉、助浴、助医、助洁等）
医养结合途径	与社区卫生服务站合作；上门服务	上门服务	与社区卫生服务站签订医养结合协议	依托养老护理院运营管理
建筑规模	建筑面积 220 m², 床位 12 个	建筑面积 320 m², 床位 9 个	建筑面积 260 m², 床位 12 个	建筑面积 468 m², 床位 16 个
空间布局	居住区内部，独立式布局	毗邻城市干道，混合式布局	居住区内部，独立式布局	居住区内部
照片				

目前，根据北京市卫健委发布的《北京市老龄事业发展报告（2022）》，全市共有社区养老服务驿站1 429个、养老照料中心293个。从使用情况来看，一方面，目前的基层养老设施床位仍存在不足，与辖区老年人口数量相比存在缺口（图3.7）；另一方面，一些社区养老服务驿站的使用效率偏低，且有空床现象。由此可见，基层养老设施建设与老年人需求存在比较明显的错位。根据对老年人的调查，老年人对日常照料、治疗康复、休闲娱乐等服务需求比较明确，但由于居家养老习惯及基层养老设施性价比方面不足等问题，老年人对基层养老设施的使用仍有较大的提升空间。

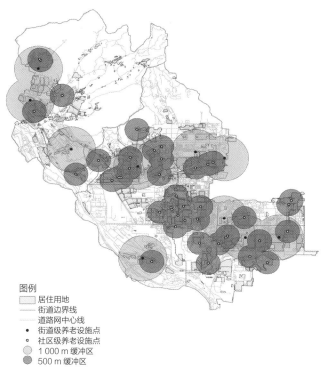

图例
　　居住用地
──　街道边界线
──　道路网中心线
　·　街道级养老设施点
　。　社区级养老设施点
　○　1 000 m 缓冲区
　●　500 m 缓冲区

图 3.7　北京市石景山区基层养老设施缓冲区分析

3. 医养结合现状

　　北京市是第一批国家级医养结合试点单位，近年来逐步构建包括健康教育、预防保健、疾病诊治、康复护理、长期照护、安宁疗护在内的老年健康支撑体系，并形成了具有代表性的医养结合模式。目前，社区卫生服务中心和街道养老照料中心一般都会有相应的医养结合措施，社区卫生服务站和社区养老服务驿站的医养结合服务尚有待加强。总体而言，应用较多的医养结合途径有以下几种。

　　（1）医疗机构和养老机构相互合作，形成一体化服务。例如：北京市隆福医院与东城区多家养老机构签约，派遣医护人员对签约养老服务机构上门巡诊，对机构内老年人的健康情况进行摸底排查，指导有慢性病的老年患者规范用药等；北京市西城区月坛社区卫生服务中心与社区共建养老照料中心，为老年人挂号、就医等提供绿色通道，每年为照料中心的老年人进行一次全身体检。老年人可与医院签订家庭医生服务协议，由签约医生对老年人进行健康评估，并建立健康管理档案。社区卫生服务中心也经常举办健康知识讲座等活动。

（2）扩展服务功能。在医疗设施或养老设施各自功能属性的基础上进行功能扩展，包括养老设施扩展医疗服务和医疗设施扩展养老服务两类。例如，北京市朝阳区首推的社区养老服务驿站内设护理站模式，在养老服务驿站内为周边社区的老年人提供基础医疗、专科护理门诊、居家护理、转介家庭医生或专科医生等服务。目前，北京市正在逐步开展老年护理中心转型建设，确定东城区朝阳门社区卫生服务中心等 10 家机构转型，建设老年护理床位，培养老年护理人员。

（3）建设综合性的医养结合机构。医养结合机构是指兼具医疗卫生服务资质和养老服务能力的医疗机构或者养老机构。目前，北京市共有医养结合机构 215 家，其中两证齐全的机构有 197 家。

（4）提供居家上门照料。由医疗机构或者长期护理机构通过家庭医生签约等方式，为社区居家老年人提供健康养老、长期护理服务。例如，北京市西城区展览路社区卫生服务中心的家庭医生签约团队为辖区内的高龄、残疾、失能老人提供上门疾病诊治、基础护理、健康教育、预防保健等服务。目前，北京市共有家庭医生团队 5 950 个，累计签约 65 岁及以上老年人 241.7 万人。

（5）开展老年友善医疗机构建设。2015 年，北京老年医院提出创建老年友善医院的概念，为老年人提供便利的医疗服务，包括针对高龄、超高龄、失独老人提供绿色就医通道，完善院内无障碍服务设施等措施。2020 年，北京市卫健委开展老年友善医疗机构建设，范围包括综合医院、康复医院、社区卫生服务中心，并出台评价指标和标准。目前，北京市已经有 472 家医疗机构建设成为老年友善医疗机构。

（6）推进安宁疗护服务。安宁疗护是指为疾病终末期患者在临终前通过控制痛苦和不适症状，提供身体、心理、精神等方面的照护和人文关怀，以提高生命质量，帮助患者舒适、安详、有尊严地离世的服务。2022 年，北京市卫健委等部门印发了《北京市加快推进安宁疗护服务发展实施方案》，提出建立以社区和居家为基础、机构为补充的安宁疗护服务体系。社区卫生服务机构、护理机构、养老机构主要为诊断明确、症状轻且稳定的安宁疗护患者提供机构和居家安宁疗护服务。

第4章 国外典型城市公共服务设施规划研究

4.1 美国纽约市案例研究

4.1.1 规划背景

美国的住区规划建设开始于19世纪，在工业化的带动下，城市郊区出现了很多以居住为主的土地开发。这些土地开发从早期单一的居住功能，逐渐发展为与交通站点、公共设施建设相结合。但总体而言，至20世纪早期，很多美国城市缺少总体性的规划，对私人土地开发缺少约束，对公共空间和基础设施的投资也不足，城市面临着社会隔离、缺乏市民参与等社会问题（威廉·洛尔 等，2011）。20世纪二三十年代，邻里单位（neighbourhood unit）社区规划思想在美国诞生，并逐渐成为美国社区规划的主导模式。美国城市学家克拉伦斯·佩里（Clarence Perry）在1929年出版的《纽约区域规划与它的环境》一书中，系统地阐述了"邻里单位"社区规划设计思想。他指出了邻里单位设计的几个要素：学校位于邻里中心，儿童无须穿过主干道；邻里规模足以配置一所学校，有5 000 ～ 9 000名居民，占地160英亩（约0.65 km²）；邻里单位的边界是城市干道；商店设置于邻里周边，以便将地方性购物行为限制在邻里入口；其他社区设施和学校一样，位于邻里中心。这是一种将住宅与社区公共设施统一规划的思想，以营造良好的社区氛围，创建社区共同生活。20世纪90年代，新城市主义运动兴起，并形成了两种主要的社区开发模式——传统邻里开发（traditional neigh-bourhood development, TND）模式和公共交通导向型发展（transit-oriented development, TOD）模式。这两种社区开发模式都倡导紧凑的城市社区开发，目标是建设步行友好、满足居民日常生活需求的社区空间。因此，从邻里单位理论开始，居住地不仅是物质空间建设单元，更是社会核心结构单位，公共服务设施是其重要的组成部分。

在规划层面，美国没有全国统一的城市规划体系，这是由美国的行政体制和政治文化决定的。但总体而言，城市规划可大体分为城市总体规划（city comprehensive planning）和区划（zoning）两个层次。其中，区划是一种土地利用管理形式，是政府对私有土地进行公共管理的工具。区划属于地方性法规，由地方立法机构委托规划部门制定，在进行公众听证后，由地方立法部门，包括市议会等通过并颁布实施，开始具备法律效力，具有很强的权威性。本章以纽约市为例，阐述区划制度下公共服务设施管控的方式和特点。

纽约市是美国第一大城市，土地面积为 789 km^2，人口约 862 万人，是美国人口最多的城市。纽约市共有曼哈顿（Manhattan）、布鲁克林（Brooklyn）、布朗克斯（Bronx）、皇后区（Queens）和斯塔滕岛（Staten Island）5 个行政区（borough），下辖 59 个社区（community），社区人口一般不超过 25 万人。在纽约市的三级行政区划中，市长、议会、城市规划委员会（City Planning Commission）、规划局（The Department of City Planning）、标准和上诉委员会（The Board of Standards and Appeals）等是城市层面的规划编制和管理者；行政区主席及其领导的行政区委员会（Borough Board）是行政区层面规划编制和管理的参与者；社区主要由社区委员会（Community Board）参与城市规划的相关事务。各部门的组织形式、职能、权力分配均遵循《城市宪章》的规定（图 4.1）。

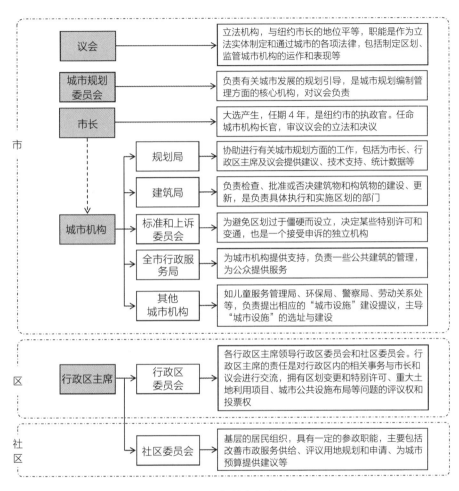

图 4.1 相关组织机构

4.1.2 以区划为核心的用途管控

1. 依法许可的用途管控

纽约区划制定于 1916 年，经过多次修订，最新区划于 2023 年修订，是用于管理城市土地开发和建设的重要文件。区划的方式是将城市分为若干分区，对分区内的所有土地开发行为进行管控，管控内容包括用途、开发强度、空间形态等。其中，用途管控是区划的重要内容，城市公共服务设施用地作为一种土地用途类型，属于用途管控的范畴。区划的用途管控源于 20 世纪初城市快速发展带来的用途混杂和相互妨害问题，因此在特定用地内排除不兼容的用途是用途管控的核心。区划采用的具体技术手段是将城市用地分为居住区（R）、商业区（C）、工业区（M）三大类和若干小类，规定每类用地允许从事和不允许从事的用途类型（表 4.1）。其中，为了便于对城市出现的所有用途进行全面的管控，区划将这些用途根据功能特点、兼容性、服务范围等进行分组，即用途组（use group），将用途管控简化为对每类用地允许从事的用途组的规定。目前，纽约区划共有 18 个用途组，用途组 1、2 是住宅，用途组 3、4 是社区服务设施，用途组 5 ~ 15 是为个人或家庭提供零售、娱乐等各种服务的设施，用途组 16 是半工业设施，用途组 17、18 是工业设施（图 4.2）。

与我国城市用地分类不同，纽约区划的用地分类中并没有"公共服务设施用地"，公共服务设施主要作为一种用途类型被纳入用途组中。在分组时，各类公共服务设施根据服务范围、服务类型、与其他用途的兼容性等进行分组，有些公共服务设施并不作为一项独立的用途组，而是与其他用途混杂在同一用途组中（图 4.3）。

表 4.1　纽约市的用地分类

用地分类		用地特点
居住区（R）	R1、R2、R2X	一个家庭的独立式居住区
	R3A、R3X、R4A	一个或两个家庭的独立式居住区
	R3-1、R4-1	一个或两个家庭的独立式或半独立式居住区
	R3-2、R4B、R4 ~ R10	提供各种类型住宅的一般居住区

续表

用地分类		用地特点
商业区（C）	C1 地方零售区	提供地方性的购物，包括各种零售店和个人服务设施
	C2 地方服务区	提供广泛的、必需的地方性服务
	C3 滨水休闲区	为发展滨水娱乐活动而建立的设施
	C4 一般商业区	包括城市主要和次要的购物中心，并为一定区域内的商业机构提供服务
	C5 限制中央商务区	服务于整个城市的中心商业区，主要是办公楼和各种大型零售店
	C6 一般中央商务区	服务于整个城市的中心商业区，与限制中央商务区相比提供更大范围的零售、办公、娱乐服务及普通制造业
	C7 商业娱乐区	大型开放的娱乐公园
	C8 一般服务区	提供比地方服务区更大范围的服务
工业区（M）	M1 轻工业区	按照高性能标准建造的工业区
	M2 中等工业区	按照中性能标准建造的工业区
	M3 重工业区	带来负面影响的工业区

城市用地	用途组																	
	1	2	3	4	5	6	7	8	9	10	11	12	13	14	15	16	17	18
R1/R2	●		●	●														
R3A/R3X/R4A	●	●	●	●														
R3-1/R4-1	●	●	●	●														
R3-2/R4B/R4~R10	●	●	●	●	●													
C1	●	●	●	●	●	●												
C2	●	●	●	●	●	●	●	●	●			●						
C3	●	●	●	●								●						
C4	●	●	●	●	●	●		●	●	●		●						
C5	●	●	●	●														
C6	●	●	●	●														
C7												●	●	●	●			
C8				●	●				●					●				
M1			●	●	●	●	●							●	●	●		
M2														●	●	●		
M3						●	●	●	●					●		●	●	●

图 4.2　各类城市用地允许从事的用途组

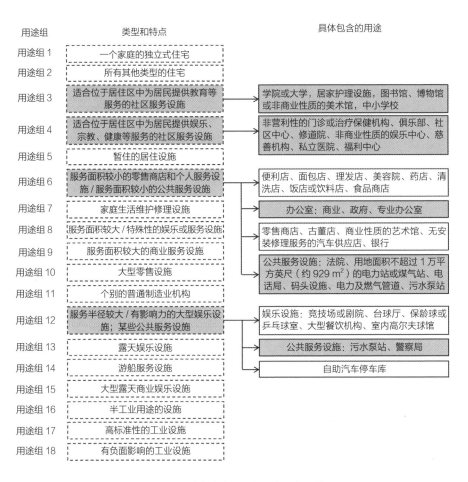

图 4.3　用途组与相关的公共服务设施

2. 需要特别许可的用途

通过用途组进行明确管控的用途称为"合法用途"，符合列表的开发申请并通过建筑局（The Department of Buildings）的审核，即可开发建设。但有些用途的使用具有不确定性，这类用途需要通过规划主管部门的特别许可来判定，一般称为"需要特别许可的用途"（special uses）。需要特别许可的用途大多是对周围环境产生不确定影响、不明确兼容性的用途，它们为某些地区所需要，但可能会造成交通拥挤、给周围环境带来危险或停车困难等。在纽约市，这类用途的许可分别由城市规划委员会、标准和上诉委员会负责。其中，城市规划委员会受理规模较大、影响范围较大的用途，而标准和上诉委员会受理规模较小、影响范围较小的用途。很多公共服务设施用地属于需要特别许可的用途（表 4.2、表 4.3）。特别许可需要通过标准的审查程序，以城市规划委员会负责的特别许可为例，拟开发项目需要在规定时间内通过"统一土地使用审查程序"（ULURP）。在ULURP 中，社区委员会、行政区委员会、规划委员会要分别举行公众听证会，听取项目开发者、社区居民、受影响的相关利益实体的意见，这些意见最终汇总到城市规划委员会，由城市规划委员会进行实质性决策。城市规划委员会需要平衡公共服务设施建设的必要性、给社区带来的作用、可能造成的环境影响等，然后做出决策。

表 4.2　向城市规划委员会申请的特别许可（部分）

用地	需要许可的用途
C8 或 M1	用地面积超过 7.5 万平方英尺（约 6 968 m²）的儿童娱乐公园
所有居住区	铁路客运站
所有居住区、商业区和 M1	超过 4 万平方英尺（约 3 716 m²）、小于 10 英亩（约 0.04 km²）的电力设施、公共交通设施
C8 或 M1	中学
所有居住区	污水处理厂
C3 ~ C8	直升机机场
所有商业区	公共停车库
所有居住区	消防站、警察局

表 4.3　向标准和上诉委员会申请的特别许可（部分）

用地	需要许可的用途
部分低密度居住区	社区设施（包括大学、学生宿舍、福利机构等）
所有居住区	不超过 1 万平方英尺（约 929 m²）的变电站、燃气站、水泵站等
所有居住区、商业区和 M1	不超过 4 万平方英尺（约 3 716 m²）的电力设施
C8 或 M1	中小学、儿童娱乐公园
所有地区	没有对周围环境产生不利影响的电视塔或广播塔
除 R1 ~ R4 外的所有地区	消防局划定的高火灾事故地区的预制临时结构的消防站
M1 ~ M3	公交汽车站

4.1.3 针对"城市设施"的公平分享准则

在区划的定义中，用途包含两个方面的含义：一是指任何针对建筑物、构筑物、土地的安排和计划；二是指发生在建筑或土地上的活动（activity）、占用（occupation）、事务（business）和行动（operation）。因此，用途管控关注用途作为行为活动的属性，从这一角度来理解公共服务设施，它反映的是人们在城市中进行的各种公共性活动。因此，与其他用途一样，公共服务设施依据功能特征、服务范围、兼容性等纳入用途管控中，并无差异性对待。但公共服务设施不仅反映公共性活动或建设公共服务设施这一行为，也有政府提供的公共产品的含义，涉及市场经济体制下如何保障公共产品供给的问题。由于区划的用途管控并不区分开发建设主体的差异，也不区分公共服务设施的公益性和营利性差别，只是提供了每块用地上公共服务设施可以建设或不可以建设的可能性。因此，政府需要采用其他方式来保障公共服务设施的建设，包括在城市公有土地上建设公共服务设施、为建设公共服务设施而购买土地等。其中，土地权属和运作资金是保障公共服务设施建设的核心。

城市设施（city facilities）是指市机构管理和运作的公共服务设施，并且在市政府自有产权或租赁产权的土地上，建筑面积应超过 750 平方英尺（约 70 m²），或者占项目年度运作成本的 50%，至少 50 000 美元要来自市政府资金。此外，公共服务设施可以由联邦政府或州政府主导建设，也可以由私人投资兴建，这些设施被称为"非城市设施"。据统计，纽约市目前记录在册的城市设施超过 30 000 个，占有非常重要的地位。其中，教育和儿童福利设施约 15 000 个，图书馆和文化设施约 2 000 个，医院和健康设施约 4 700 个，公共安全和应急服务设施约 8 300 个（图 4.4）。

教育和儿童福利设施　　　　　　　图书馆和文化设施

医院和健康设施　　　　　　　公共安全和应急服务设施

图 4.4　纽约市城市设施分布图

1. 公平分享准则建立的目的

城市设施的选址和建设需要遵照《城市设施选址准则》（以下简称《准则》）来执行。《准则》是《城市宪章》授权城市规划委员会制定的指导城市设施建设的法定文件，它的目的是通过在全市范围内公平分配城市设施来促进邻里稳定和社区复兴，因此也被称为"公平分享准则"。《准则》的主要内容是将城市设施分为地方 / 社区设施、区域 / 全市设施、居住设施三类，分别阐述这三类城市设施新建、改建、扩建、缩减、关闭需要遵守的公平分享程序和考虑因素。其中，地方 / 社区设施是指服务面积不大于一个社区或者地方服务供给区（local service delivery district）的设施，如分支图书馆、社区文化中心、日间护理中心、消防站、警察分局、老年中心等；区域 / 全市设施是指服务两个或两个以上社区、整个行政区或整个城市的设施，如行政办公室、法院、健康中心、动物园、交通和废品处理机构等；居住设施是指能提供住宿或睡眠服务的设施，如安养院、儿童居住设施、临时住所、过渡房等（表 4.4）。

表 4.4　城市设施的分类

城市设施的类型	包含的设施
地方 / 社区设施	分支图书馆、社区文化中心、社区健康设施、以社区为基础的社会机构、日间护理中心、回收中心、就业中心、消防站、地方性公园、停车场或停车库、警察分局、环卫车库、老年中心
区域 / 全市设施	行政办公室、法院、数据处理机构、健康中心、收入维持中心、博物馆、动物园、表演中心、美术馆和花园、区域性公园、交通和废品处理机构、机场、码头、污泥管理和转化机构等
居住设施	安养院、疗养院 / 健康相关机构、监狱 / 拘留所、儿童居住设施、儿童安全设施、为精神疾病或生理疾病患者提供的住宅、临时住所、过渡房

2. 公平分享程序

为促进公共服务设施的公平分配，《准则》要求城市设施的建设和运作遵循公平分享程序（图 4.5）。这个程序包括：①制定并公布全市需求声明和社区需求声明。②城市设施建设和运作的主管机构与公众、社区委员会、行政区主席进行讨论与协商。③城市设施的建设申请和审查等。公平分配的核心是鼓励社区协商，《准则》为城市机构、行政区和社区制定一系列城市设施建设需要考虑的要素和准则，在此基础上，城市机构与公众、社区委员会、行政区主席之间的对话和协商是公平分享程序的重要组成部分。

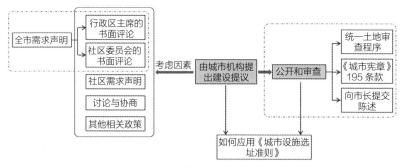

图 4.5　城市设施建设的公平分享程序

（1）全市需求声明和社区需求声明。全市需求声明和社区需求声明是用于社区协商的早期文件。全市需求声明主要针对全市范围内的城市设施提出建设需求，由各城市机构提供基础信息，市长在规划局（The Department of City Planning）、全市行政服务局（The Department of Citywide Administrative Services）的协助下完成声明，并提交议会、行政区主席、行政区委员会和社区委员会。行政区主席和社区委员会需要审查这份声明，对声明发表评论并递交书面陈述，行政区主席还可以对位于本行政区内的新设施的选址提出建议。同时，社区委员会需要举行公众听证会，使公众知晓声明，并记录公众的意见。全市需求声明主要包含两部分：一是下两个财政年度（fiscal year）城市设施的建设计划和概况，包括新建、改建、扩建、缩减、关闭的城市设施；二是各主管机构针对每个项目给出相应的信息，包括公众需求和服务范围、大致的用地规模和建筑尺度、大体的位置和选址标准。

社区需求声明同样在社区协商中扮演重要角色，它由各社区的社区委员会编制，在健康、福利、公共安全、土地使用、住房和经济发展、交通、公园、文化等方面定义社区需求，提出需要的公共设施和具体要求，同时提出财政预算的优先方案。

（2）协商和审查程序。协商主要在城市机构和行政区主席、社区委员会之间进行。《准则》提出，在进行一个城市设施建设的提议时，城市机构必须考虑相关政策和来自行政区主席或社区委员会的意见。这些意见主要来自行政区主席、社区委员会对全市需求声明的书面评论、社区需求声明和预算，以及城市机构与行政区主席、社区委员会之间的讨论和协商。其中，协商可以采用多种方式，如参与社区针对年度需求声明举行的公众听证会、由城市机构建立市民咨询委员会等。

城市设施的审查程序依据项目类型、建设行为被分为多种类型，其中统一土地审查程序是最为复杂的程序，城市设施的选址和扩建、为建设城市设施而收购场地等，都需要遵循此程序。统一土地审查程序主要针对纽约市城市规划编制、管理和建设中比较重要的自由裁量行为（discretionary actions），由城市规划委员会负责（图4.6）。它的建立反映了20世纪50年代美国城市规划的趋势，即社区委员会在城市发展中的作用和公众参与运动的兴起。在这一程序中，城市机构需要提供详细的关于城市设施如何建设的申请，这些申请会递交给社区委员会、行政区主席和城市规划委员会，社区委员会、行政区主席和城市规划委员会分别举行公众听证会，听取城市机构、社区居民、受影响的相关利益实体的意见，这些意见最终汇总到城市规划委员会，由城市规划委员会进行实质性决策。城市规划委员会在决策时需要考虑公众意见、平衡多方利益，并重点审查项目的建设是否符合《准则》提出的要求。

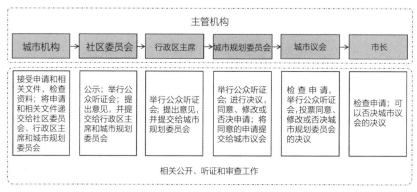

图4.6　统一土地审查程序流程图

（3）公平分享的考虑要素。针对各类建设行为，《准则》阐述了城市设施的新建、改建、扩建、缩减、关闭等需要考虑的要素，这也是体现公平分享的要素。城市机构需要在申请报告或陈述中阐明如何考虑这些要素，而城市规划委员会也会依据相应条款对申请项目进行审查。

以城市设施的新建和扩建为例，《准则》提出城市设施的新建或扩建需要考虑兼容性、聚集性和高效性。兼容性是指待建城市设施与紧邻的现状公共设施的兼容性，包括城市设施和非城市设施。兼容性分析的目的是避免将城市设施布置于与周围用途不兼容的地区，同时鼓励能够彼此互利的设施相邻布置。例如，游乐场和环卫车库不兼容，而位于日托中心附近则有助于提升彼此的功能。兼容性分析需要评价相邻地区的土地利用特征（零售和办公、居住、轻工业、商业居住混合使用等），并描述预期选址场地周围 400 英尺（约 122 m）内（1～2 个街区）所有的公共设施，包括城市设施和非城市设施，分析新建城市设施与现状公共设施的兼容关系。聚集性分析主要应用于区域/全市设施。《准则》认为，公共设施特别是区域/全市设施过于集中，会降低邻里居民的生活质量，对社区复兴产生不利影响，因此需要对公共设施的聚集程度（包括城市设施和非城市设施）进行分析，评估新建或扩建的城市设施是否会增加整个地区公共设施的聚集性。聚集性分析描述预期选址场地周围 1 英里（约 1 609 m）内所有的公共设施（大概步行 10 分钟），分析内容包括评价现状土地利用特征（高密度居住区、低密度居住区、商业区、工业区或混合使用区），计算所有的公共设施（包括城市设施和非城市设施），特别是区域/全市设施的数量和规模，分析待建设施结合区域其他设施是否会给邻里特征造成负面影响，比如是否会引起人口模式、经济行为、土地使用和开发模式的变化等。高效性主要从以下几个方面定义：建筑特征是否合适，如规模、设计是否满足需求的适应性；场地特征，如尺度、形状和地貌等是否具备适应性；城市设施的可达性，以及与重要的附属设施和基础设施的接近性；收购、建造费用和运行费成本是否合理。

除考虑上述因素外，对于地方/社区设施的新建和扩建，还需要考虑社区或地方服务供给区的需求和可达性。城市机构需要分析与公共服务设施建设相关的、能够表明社区需求的条件和特征，如婴儿死亡率、设施利用率、应急反应时间、公共绿地与人口的比例，并评估社区的相应需求。地方/社区设施的新建或扩建，应尽可能在设施供给与设施需求比例较低的地方。可达性主要考虑目标服务人群能否方便地到达设施，或者设施提供的服务能否从场地有效地传递出去。可达性的评估需要综合设施本身的可达性和被服务者可以获取的路线。

区域 / 全市设施的新建或扩建需要考虑全市范围或行政区范围内的居民需求、城市交通能否满足设施运行的需求、全市范围内公共设施（包括城市设施和非城市设施）的公平分布、城市设施的规模是否合适等。

4.1.4 规划体系的特征

纽约市的公共服务设施规划主要受制于区划的用途管控，并以兼容性为核心，形成高度宽容和灵活的规划控制体系。在此基础上，以产权和政府资金投入为保障，地方政府通过指导城市设施的选址和建设，统筹公共服务资源的公平分配。在开放的市场环境下，公共服务设施的规划与建设存在一定的困难。一方面，由于城市开发建设实体多元化，完全依赖城市规划预测并确定公共服务设施空间分布的难度较大；另一方面，公平公正地分配公共服务资源，确保城市居民都能享受均衡的公共服务又是城市规划的重要责任。纽约市的公共服务设施规划，主要是在区分公共服务设施的用途属性和公共产品属性的基础上，处理规划管控的宽容性和公共服务分配的公平性。

区划是自由市场经济的产物，用途管控的思路是在承认城市土地活动的自由、随机，甚至无序的基础上，引入公共利益干预土地活动，以维护公共利益作为用途管控的边界。这种逻辑导致区划的用途管控是高度宽容的，它依据主要的城市活动进行用地分类，并为城市公共服务设施提供了在各类用地中允许建设、不允许建设或有条件允许建设等多种选择。这种管控方式的适应性较强，有助于应对市场环境下土地开发建设的各种不确定因素，但其缺陷也十分明显。本质上，区划属于一种底线型控制，主要解决城市功能的基本运转问题，它能够在城市整体空间布局上大体控制公共服务设施的空间区位，但不能保障公共服务设施布局的合理性、公平性和整体性。以社区级别的公共服务设施为例，这些设施大多属于依法许可的用途，有自由宽泛的选择空间，因而不受城市规划委员会等部门的监管。最后的结果是一些社区的公共服务设施已经饱和，甚至成为社区的负担；而一些社区的公共服务设施又非常稀缺。在这样的背景下，对城市设施的选址和建设进行指导是对城市缺少整体公共服务设施规划的一种反馈。它的核心是政府作为产权主体或投资主体，通过管控和统筹整个城市公共服务设施的选址和建设，以达到公平分配公共服务资源的目的。

　　公共服务设施的公平分配是城市规划的一个重要目标，但如何认识公平、如何具体操作，还存在很多需要思考的问题。《准则》认为，城市设施的公平分配依赖大量因素的平衡，包括社区需求、高效且节约成本的服务、对社区稳定性和复兴的影响、更大范围内的设施供给等，平衡这些因素是非常复杂的。《准则》认为，公平是设施选址和建设程序健全的结果，而不仅仅是城市设施在数量上和空间上的均衡，实质是由一个开放、健全的规划程序去解决公平的问题。城市设施的建设没有统一、硬性的规划配建指标，而是以社区需求为基础。全市需求声明和社区需求声明都是早期正式公开的官方文件，需求声明的制定是规划过程的一部分。另外，《准则》鼓励社区协商和公众参与。《准则》提出的兼容性、聚集性、高效性、可达性等并不是一个具体的规定或控制指标，而是城市设施选址和建设过程中需要考虑的要素，这些要素为协商提供了一个讨论平台，使协商和参与有共同的目的和标准。此外，公平还包含城市设施的负担和利益分配上的公平。《准则》将城市设施划分为地方／社区设施、区域／全市设施，不仅是从设施的服务范围来考虑，还包括责任和受益方面的考量。地方／社区设施的责任和受益都是地方性的，通常不会对社区产生明显的负面影响。区域／全市设施的服务范围覆盖整个地区或城市，受益人群众多，而这样的设施规模往往较大，容易导致交通量增加、环境质量下降，这些负面影响往往只由其邻里来承担。因此，采取聚集性分析、鼓励区域／全市设施规模最小化等措施，减少社区对这类城市设施在责任上的不平衡，也是公平的体现。

4.2 英国大伦敦地区案例研究

4.2.1 规划背景

1. 人口及社会特征

大伦敦地区的行政范围包含伦敦市和其他 32 个自治市，总面积为 1 579 km²。2021 年，这里的居住人口为 876 万人，预计 2041 年将增长至 1 080 万人。各自治市居住人口不等、差异明显。

在社会人口结构方面，大伦敦地区主要有以下特点：①人口的年龄结构呈两极分化的状态，年轻人和老年人所占比例很高，而中年人的数量相对较少。目前，大伦敦地区超过 20% 的人口年龄在 16 岁以下，并将持续增加。同时，大伦敦地区也进入了老龄化社会，65 岁以上人口有 90 万人，在未来几十年预计增加 90%。②大伦敦地区是世界上最具多元性的地区之一，居民来自各个国家和地区。此外，大伦敦地区还拥有大量的流动人口，约有 150 万人患有长期疾病、身体残疾或感觉障碍。③大伦敦地区是世界上经济较发达的地区之一，但贫富差距明显，财富在不同地区的分布并不均衡。《大伦敦规划》从区域层面将大伦敦地区分为外伦敦、内伦敦和中心活动区三个圈层，这三个圈层的人口结构和社会经济水平均有明显的差异。例如，位于中心活动区的伦敦市是世界金融中心的所在地，但内伦敦地区却拥有全英国最贫穷的社区。在地方层面，各自治市的人口总量及结构、经济发展水平、社区环境等也具有明显的多元性。

2. 思想基础

从英国公共事务的发展演变来看，放权和公平是构建公共服务体系的两个重要主题。传统上，英国一直采用自上而下的方式提供公共服务，并进行公共事务管理。20 世纪 80 年代，为促进内城地区的经济振兴，中央政府建立了合作伙伴的形式，通过促进中央政府、地方当局、私营部门及志愿者团体合作的方式来调动社会各方的积极性，这一政策改变了公共服务单一中心的运作模式（曲凌雁，2013）。同时，政府在新自由主义政策下进行的私有化和市场化改革也改变了政府在公共服务领域的职能，对某些公共产品不再采用直接供给的方式，而是赋权给其他机构或组织。2011年，英国颁布的《地方主义法案》赋予社区和居民更多参与地方公共事务的权利，包括允许社区组织购买地方公共服务机构财产或经营的权利等，同时社区居民可以通过邻里规划去影响社区设施的选址和建设。这建立了社会基础设施规划和实施多方参与和运作的模式，也为社区和居民参与提供了依据。

4.2.2 社会基础设施的范畴

社会基础设施是城市基础设施的组成部分，包括教育设施、健康和社会护理设施、体育设施、文化设施、娱乐设施、社区设施等类型，在范围和内容上等同于我国的公共服务设施。但不同的是，英国的社会基础设施没有完全统一的分类标准，虽然《社会基础设施补充规划指引》提出了建议性的分类方法，但总体而言，社会基础设施包含的内容比较宽泛，类型多元（表 4.5）。例如，教育设施中的儿童保育（childcare）泛指法定教育之外的、不包含父母在场的任何儿童及青少年参加的活动，或针对儿童的护理工作，具体包括日间托儿所、幼儿园、儿童保育员服务、课后延迟班、校外服务等。社区设施泛指表达地方性需求的、以公共利益之名去使用的各种设施，范围既包括图书馆、社区大厅或社区中心，也可以具体到公共座位、公共厕所和公共饮水机等。此外，社会基础设施规划不仅是物质实体和空间的规划，更关注居民是否获得了相应的服务。因此，社会基础设施的分类、现状评估、规划预测等不仅包括设施建筑和场地，也包括从事服务工作的"人"，如全科医生、保育员等。

表 4.5 社会基础设施和服务的建议性分类

大类	小类
健康和社会护理设施	
初级护理和社区护理	医疗中心、全科医生诊所、紧急护理中心、心理健康中心、牙医诊所、药店、眼镜店
紧急治疗	医院
社会护理	居家护理、疗养院、庇护所、日间护理中心、临终关怀中心
教育设施	
儿童保育（包括学龄儿童和学龄前儿童）	儿童保育员服务、儿童中心、日间托儿所、幼儿园、课后延迟班、校外服务或儿童俱乐部、假期游乐活动计划
初等教育和中等教育	小学、中学、免费学校、专科院校
继续教育（成人教育）	第六年级学院、继续教育学院、终身学习中心等
高等教育	大学
体育/体力活动设施	
开放空间	公园、游乐场、体育场、学校操场和游乐场
体育设施	体育/休闲中心、体育馆、游泳池
社区设施	图书馆、社区中心/社区大厅、青少年俱乐部、任何有助于公共利益的地方性设施
宗教设施	
礼拜场所	教堂、清真寺等
殡葬设施	墓地

此外，地方政府也会根据地方发展的问题和特点创新基础设施的类型和运作模式，如陶尔哈姆莱茨市基于社区差异、贫困和健康不平等问题，于 1999 年开始建设创意店。创意店提升了传统图书馆的功能，将核心的图书馆服务与教育、职业支持和培训、信息服务、艺术休闲等功能相结合，以此支持居民终身学习、改善居民身体健康、促进就业和经济增长、增强社区融合（图 4.7、图 4.8）。2002 年，陶尔哈姆莱茨市的第一家创意店开业，目前共有 9 家创意店（表 4.6）。

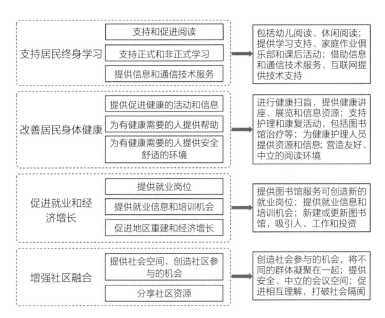

图 4.7　陶尔哈姆莱茨市创意店的主要功能

图 4.8　陶尔哈姆莱茨市创意店的服务范围

表 4.6   陶尔哈姆莱茨市创意店概况

名称	主要活动及功能	建筑形态
鲍盖尔创意店 （Idea Store Bow）	儿童活动：故事时间、家庭作业俱乐部、艺术俱乐部 成人活动：读书会、英语阅读小组、在线交流俱乐部	
贝斯纳尔格林图书馆 （Bethnal Green Library）	儿童活动：故事时间、家庭作业俱乐部、艺术俱乐部 成人活动：难民群体友好小组	
金丝雀码头创意店 （Idea Store Canary Wharf）	儿童活动：故事时间、家庭作业俱乐部、艺术俱乐部 成人活动：读书会	
丘比特镇图书馆 （Cubitt Town Library）	儿童活动：故事时间、家庭作业俱乐部、艺术俱乐部 成人活动：每周聚会、读书会、创业助手	

名称	主要活动及功能	建筑形态
克里斯普街创意店（Idea Store Chrisp Street）	儿童活动：故事时间、家庭作业俱乐部、艺术俱乐部 成人活动：交流俱乐部、免费法律咨询事务所、免费上网服务、市民咨询服务	
瓦特内市场创意店（Idea Store Watney Market）	儿童活动：故事时间、家庭作业俱乐部、艺术俱乐部	
地方历史图书馆（Local History Library）	图书室、展览室	
怀特查佩尔创意店（Idea Store Whitechapel）	儿童活动：故事时间、家庭作业俱乐部、艺术俱乐部 成人活动：市长咨询服务、免费上网服务、免费法律咨询服务、交流会	
沙德威尔中心（Shadwell Centre）	学习室、会议室、健身设施、陶瓷工作室、印刷工作室	

4.2.3 社会基础设施规划的编制体系

1. 空间规划编制体系

英国现代城市规划由 1947 年《城乡规划法》所确立，形成了以发展规划（development plan）为核心的规划体系。2004 年，英国出台《规划与强制收购法》，对应行政区划将规划编制分为国家、区域和地方三个层面。在国家层面，政府制定"规划政策声明"，提出涉及空间规划的目标和原则，并为发展规划的编制提供国家层面的指导。发展规划分别在区域和地方两个层面编制：在区域层面编制区域空间战略（regional spatial strategy），在大伦敦地区就是大伦敦市长编制、大伦敦政府审批的《大伦敦规划——伦敦空间发展战略》（以下简称《大伦敦规划》）；在地方层面，则是由地方规划当局编制地方发展规划文件（local development plans）。除发展规划外，各级政府还制定了补充规划指引（SPG）或补充规划文件（SPD）等非法定规划，作为发展规划的辅助性文件。2011 年，英国颁布《地方主义法案》，在分权改革的影响下进一步调整规划体系，包括精简"规划政策声明"为"国家规划政策框架"，取消区域空间战略的编制，在地方层面增加邻里规划（neighborhood plan），等等。但是，由于大伦敦地区的特殊性，《大伦敦规划》得以保留，大伦敦地区的发展依然受到三级规划的管控，社会基础设施规划的政策、理念和方法也集中体现在这些规划文件中（图 4.9）。

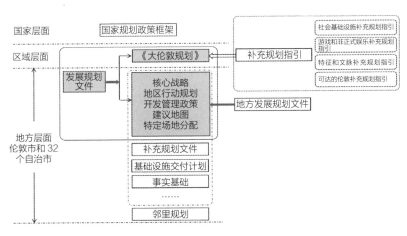

图 4.9　大伦敦规划体系与社会基础设施规划

2. 区域层面的规划编制

在现行的规划体系中，"国家规划政策框架"是国家层面的规划编制指导，它本身并没有直接说明如何编制社会基础设施规划，但提出规划体系的建立要有助于实现可持续发展，并将实现可持续发展分解为三个目标，即经济目标、社会目标和环境目标。这三个目标对于《大伦敦规划》的编制起到明确的指向作用，其中便包含社会基础设施问题。

《大伦敦规划》表达了未来 20 年大伦敦地区的空间发展战略和规划政策，内容涉及经济、社会、环境等诸多方面，并提出社会基础设施的核心规划政策。《大伦敦规划》最早于 1943 年编制，但是由于政府机构的调整，大伦敦地区过去一直没有统一的法定文件对城市发展进行协调。2004 年，大伦敦政府开始新一轮规划编制，主要编制了三版《大伦敦规划》（分别为 2004 年版、2011 年版和 2021 年版）。2004 年，针对人口增长、就业压力、区域发展不平衡与贫富分化等问题，《大伦敦规划》围绕增长、公平和可持续发展三个主题，提出使伦敦成为更适宜居住的城市、使伦敦具有多样化的经济增长、促进社会包容并解决贫困和歧视问题、改善伦敦的无障碍环境等发展目标。在社会基础设施方面，提出保护和提升社会基础设施的核心规划政策，包括评估地方需求、确保社会基础设施的步行和公共交通可达性、为居民建造无障碍和负担得起的社区设施等。2011年，针对经济增长缓慢、人口结构变化、对基础设施的品质要求逐渐提升、社会两极分化严重等问题，《大伦敦规划》提出为增长而规划，包括为不断增长的人口和经济而规划。在这一版规划中，社会基础设施延续了增加和提升供给的政策，以满足日益增长的人口需求、进行社会基础设施评估并避免设施的减损、基础设施应该保证所有人的可达性，并进一步细化儿童和青少年的游戏设施、健康和社会护理、教育、体育和文化设施的配置政策及实施途径。同时，该版规划高度关注社会公平问题，将确保每个人的平等选择权、提高健康水平和解决健康不平等问题、创建可以终生居住的社区（lifetime neighborhood）、构建包容的城市环境，将社会基础设施的规划、开发和设计与这些政策整合在一起。2021年，大伦敦地区出台了新版《大伦敦规划》，基于人口增长给土地、住房、基础设施带来的压力，规划提出了良性增长（good growth），即具有社会和经济包容性和环境可持续性的增长，并提出良性增长的6个目标，即建设强大而包容的社区、充分利用土地、创建健康城市、提供伦敦人需要的住房、发展良好的经济、提高效率和弹性。对应新的规划目标，社会基础设施将原先的规划政策进行扩展，强调设施在发展强大并包容的社区方面发挥作用、自治市要与服务供应商和利益相关者合作、鼓励设施混合建设和合理化的共享等。现行《大伦敦规划》还对健康和社会护理、教育和儿童护理、游戏和非正式娱乐等设施的进一步发展及实施提供了更加清晰的说明（图4.10）。

与《大伦敦规划》相配合，补充规划指引用于相关政策的细化、补充或支撑。由于补充规划指引属于非法定规划，可以免于复杂的公众参与程序而具有政策上的时效性和灵活性。其中，与社会基础设施相关的补充规划指引主要有《社会基础设施补充规划指引》《游戏和非正式娱乐补充规划指引》《特征和文脉补充规划指引》《可达的伦敦补充规划指引》等（图4.11）。

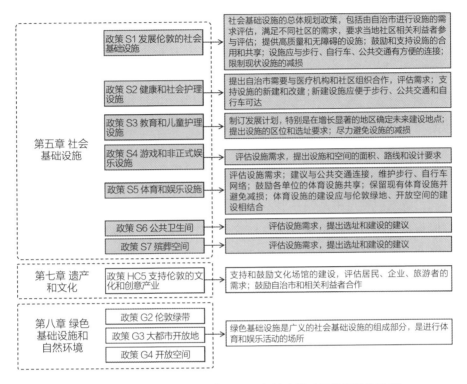

图 4.10　现行《大伦敦规划》提出的与社会基础设施相关的政策

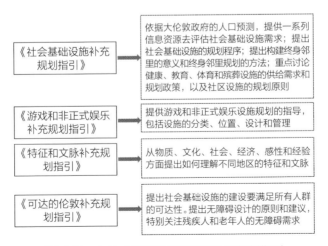

图 4.11　与社会基础设施相关的补充规划指引

3. 地方层面的规划编制

地方层面，伦敦市和 32 个自治市的地方当局（local authority）在《大伦敦规划》的指导下编制地方发展规划，制定地方发展目标和规划政策并指导地方建设。地方层面的规划一方面需要符合国家规划政策框架和《大伦敦规划》制定的目标和政策，将内容细化；另一方面需要体现地方特色，规划应具有一定的差异性。在一些地方发展规划文件中，社会基础设施规划不是独立的，应采用多种方式融入城市发展目标。例如，陶尔哈姆莱茨是内伦敦人口密度最高的自治市，是世界上具有种族多样性的地区之一，同时也是大伦敦总体贫困率、失业率和工资不平等率最高的地区。陶尔哈姆莱茨市发展规划制定的城市发展的战略目标是重新聚焦城镇中心、加强邻里福祉、繁荣社区等，并阐述了实现这些目标的各类空间政策，社会基础设施规划的内容是融入战略目标之中的（图 4.12）。

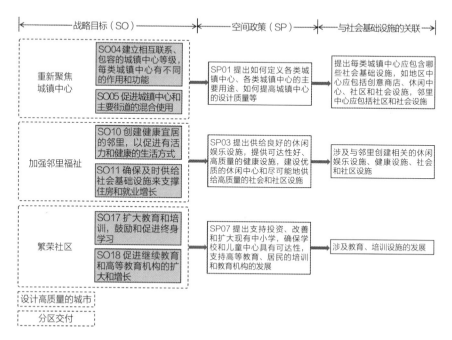

图 4.12　陶尔哈姆莱茨市发展规划中与社会基础设施相关的内容

与区域层面相类似,自治市也会制定各种补充规划文件、事实基础(case base)、基础设施交付计划（ infrastructure delivery plan ）等，作为地方发展规划的配套性文件。补充规划文件是地方发展规划文件的细化和补充，如伦敦市的补充规划文件阐述了城市协商规划义务的框架。事实基础是制定地方发展规划文件的支撑，为制定社会基础设施规划提供基础数据，如《伦敦市社会基础设施审计》《幼儿保育充足性评估》等。基础设施交付计划是基础设施从规划到实施过程中的一个重要环节，是将发展规划提出的目标和政策付诸实施的重要文件。作为一种政策型规划，发展规划提出了社会基础设施应该如何规划与建设的政策导向，但并没有明确设施的具体建设位置和规模。因此，基础设施交付计划是政策落地的一个重要环节，目的是与地方发展规划相结合，并考虑人口增长、人口结构、交付环境及众多参与者的投资计划等，提出一段时间内社会基础设施的具体需求，并确定优先建设的基础设施项目和交付计划。

4. 规划体系的特点

社会基础设施规划体系是以法定规划为核心，并包含一系列政策文件、补充规划指引、现状研究报告、实施计划在内的文件群。由于英国的城乡规划具有自上而下的传承关系，因此社会基础设施的核心规划政策和理念也具有明显的纵向连贯性。从国家层面提出社会公平理念，到大伦敦地区根据社会、经济、人口特征，对涉及社会公平的各个领域提出政策指导，最终落实于地方层面，依靠自治市来实施。在横向体系上，与法定规划相配合，各级政府都制定了大量的辅助性文件，作为发展规划政策的细化、补充和支撑。这些文件将直接或间接地影响社会基础设施的规划和建设，也是社会公平理念落地的依据和途径。

4.2.4 社会基础设施规划编制的特点

1. 与城市发展目标相整合

英国的发展规划是阐述城市经济、住房、交通、环境等诸多内容的政策型空间规划，它提出了区域和地方的发展目标及愿景，并阐述了与实现目标相关的规划政策。从国家、区域到地方，发展规划注重规划目标的层层传递，规划政策也具有明显的连贯性。在这样的背景下，社会基础设施规划不是单纯的土地利用规划，它涉及的范畴非常广泛，并与城市发展目标整合在一起。2004 年以来，与国家规划政策框架提出的经济、社会和环境三个目标相呼应，《大伦敦规划》一直围绕增长、公平和可持续发展三个主题制定城市发展目标和规划政策，社会基础设施与这三个主题均有所呼应，是促进经济增长、建设包容性社区、减少社会不平等、实现社会公平的重要途径。

以实现社会公平为例，城市规划的目标是确保所有人享有平等的生活，无论是居民、工作人口还是游客，都能参与并享受城市提供的一切服务。特别考虑儿童、青少年、老年人、残疾人、贫困人口等群体对社会基础设施和公共服务的使用。因此，社会基础设施规划在现状评估、规模测算、选址、空间布局等方面需要综合考虑不同人群的需求。例如，大伦敦地区的中心城市伦敦金融城（City of London）是一个工作性的城市，虽然居住人口约 9 000 人，但工作人口超过 50 万人，每年还需要接待约 1 000 万的游客。因此，城市在社会基础设施规划建设方面注重技能和培训设施的配置，以提高居民的业务能力和技能，并建设大量的私立医院，以满足工作人口的就医需求。另外，城市规划引入"年龄友好"（age-friendly）的概念，注重为年龄弱势群体（儿童、青少年及老年人）提供更好的设施和服务。一方面，规划提出要为日益增长的儿童、青少年及老年人提供足够数量和规模的社会基础设施，包括儿童保育设施、教育设施、游戏和娱乐设施、健康护理设施等。例如，《大伦敦规划》针对儿童和青少年专属的游戏和娱乐设施制定规划政策，并以《游戏和非正式娱乐补充规划指引》指导游戏和娱乐设施的分类、空间布局、设计和管理。另一方面，规划提出社会基础设施在选址、空间布局和设计上要遵循"终身邻里"（lifetime neighborhood）的原则，采用包容性设计（inclusive design）的方法，确保儿童、青少年及老年人能够方便、安全地使用。对于城市中的贫困人口和低收入社区，城市规划主要通过教育设施、健康设施的供给来解决地区之间的不平等问题。

为了保证城市各类群体对社会基础设施的使用，可达性成为社会基础设施选址、空间布局和设计上需要着重考虑的因素。可达性是社会基础设施规划中的一个重要概念，其包含的内容非常广泛，既包括物理上、生理上的可达性，也包括经济上、心理上的可达性。落实到社会基础设施的空间布局与设计上，要求设施的位置应位于步行或自行车便于到达的地方，或与公共交通有良好的连接，同时在设计上遵循包容性原则。这里的包容性主要是指无障碍设计，设计原则包括以下几点：①无论身体、年龄、性别、种族或经济情况如何，都可以安全、容易并有尊严地使用设施。②设施没有禁用的障碍，每个人都可以独立使用，而不需要过度努力或差异性对待。③设施的设计应该是灵活的，人们可以用不同的方式使用它们。例如，《游戏和非正式娱乐补充规划指引》规定了儿童、青少年使用的各类户外游戏空间的最大步行范围，提出开发项目应确定儿童的步行路线并对道路交叉口采取安全措施，综合考虑坡道、触觉铺装、无障碍厕所等，以保障残疾儿童的使用（图 4.13）。以儿童和青少年的游戏和娱乐设施为例，《大伦敦规划》及《游戏和非正式娱乐补充规划指引》提出所有儿童和青少年都应该有机会在距离住宅合理、安全的步行距离内玩耍，并规定了不同年龄段的儿童和青少年到达户外游戏空间的最大步行距离（表 4.7）；提出游戏场地的位置和布局应该在考虑通行障碍的前提下（如十字路口等），尽量位于最大步行范围之内。《大伦敦规划》还建议开发项目可以通过地图或序列照片的方式确定住宅到游乐场的路线，显示距离、出行方向，提出克服阻碍儿童进入游乐场的障碍的解决方案，包括建设更安全的交叉路口、降低通行速度、采取交通安全措施等。同时，《大伦敦规划》还提出残疾儿童和青少年有进入游戏空间并玩耍的权利，游戏和娱乐设施应考虑包容性，综合考虑坡道、触觉铺装、平坦道路、无障碍厕所、无障碍停车场等，以保障残疾儿童及其家人可以进入并使用设施。

表 4.7　儿童和青少年户外游戏空间的类型及最大步行距离

相关要求	5 岁以下的儿童	5 ～ 11 岁的儿童	12 岁以上的青少年
游戏空间的类型	有适合儿童游戏的游乐场； 有可能进行非正式游戏的公共开放空间	有与年龄相适合的游乐设施的游乐场； 有可能进行非正式游戏的公共开放空间； 踢球的球场； 冒险游乐场； 滑板公园、自行车公园和其他轮式设施公园	冒险游乐场； 开放的运动或休闲娱乐场所（如球场、篮球场、多用途游戏区）； 滑板公园、自行车公园和其他轮式设施公园； 健身步道或其他适合年龄的设施； 室外舞台； 青年庇护所
考虑通行障碍的步行距离 /m	100	400	800

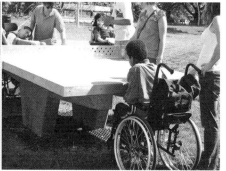

图 4.13　残疾儿童可以使用的游乐场

2. 针对性对待城市不同的功能空间

大伦敦地区的城市空间结构是由 1943 年艾比克隆比（Abercrombie）主持编制的《大伦敦规划》奠定的，他在伦敦中心半径为 48 km 的范围内，由内到外划分了四个空间圈层，即内城环、近郊环、绿带环和外层农业环。20 世纪 50—70 年代，伦敦经历了明显的郊区化进程，新城的数量和规模增加，内城面临衰落。20 世纪 70 年代之后，政府重新关注内城，通过内城复兴带动"再城市化"进程，促进城市人口重返中心城区。从 2004 年开始，《大伦敦规划》将大伦敦地区分为外伦敦、内伦敦和中心活动区三个空间圈层（图 4.14），其职能、用地面积、人口结构、产业形态具有多元化的特点。此外，大伦敦地区还建立了一套城镇中心（town centre）体系，确定机会区、加强区、再生地区等重点发展空间，这些职能空间的定位和发展目标也具有明显的侧重点。因此，社会基础设施规划要在满足总体规划政策的基础上，根据不同的职能空间，有针对性地提出规划与建设的政策导向。

中心活动区面积约为 22 km²，包括伦敦市及周边地区，是大伦敦地区的地理中心，也是经济中心、行政中心和文化中心。中心活动区聚集了伦敦三分之一的工作岗位，包括金融业、服务业、文化创意产业、零售业等，同时也是 28 万居民的居住地。中心活动区的核心规划目标是促进经济增长，保持大伦敦地区在全球范围内的核心竞争力，同时发展住房和社会基础设施，改善居民的居住环境。由于中心活动区拥有大量的工作人口和游客，社会基础设施规划不仅要考虑当地居民的需求，还要考虑工作人口和游客的需求。外伦敦包括大伦敦外围的 20 个自治市，面积巨大，居住着伦敦60% 的人口，但约有 40% 的居民外出就业。因此，规划需要解决因居住和工作地点的不平衡而带来的交通压力。保障居住环境、建设足够多的住宅、提供充足且高质量的社会基础设施是该地区规划的重点。内伦敦靠近中心地区，包含 12 个自治市，是大伦敦最具挑战性的地区。内伦敦经历过显著的经济增长，经济发展水平和人口增长水平均超过外伦敦。但内伦敦也存在非常明显的问题，包括居民构成复杂并拥有全国最大的贫困区、住房密度高且开放空间相对有限、社会基础设施比较陈旧等。鼓励提高现有居

民的生活质量、解决不平等和社会排斥问题是规划的主要目标，发挥社会
基础设施（特别是健康设施、教育设施）的作用是弥补地区缺陷、促进社
区发展的重要手段。

　　城镇中心是一定地区范围内的商业服务中心和活动中心，广泛分布于
大伦敦地区，配合中心活动区的中心职能，构成次一级的活动中心网络
（图 4.15）。《大伦敦规划》提出，社会基础设施是城镇中心的主要用途，
为了更有效地行使城镇中心的职能，鼓励健康、教育和培训中心、图书馆、
邮局、公共卫生间、社区安全、文化、休闲娱乐、运动中心等设施的建设。
城镇中心分为多种类型，特别是主要中心、地区中心和邻里中心服务于各
自治市，与当地社区紧密结合，带有明显的地方性。一些自治市会进一步
提出发展策略并限定中心地区主要的用途与活动。例如，陶尔哈姆莱茨市
提出社会基础设施的规模和类型要与城镇中心的等级、规模和作用相一致，
地区中心主要建设创意商店、休闲中心和社区设施，邻里中心主要建设地
方性商店、便利店和社区设施（图 4.16）。

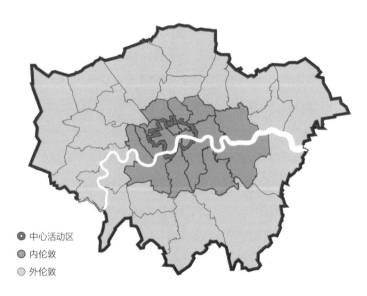

图 4.14　大伦敦地区的空间圈层

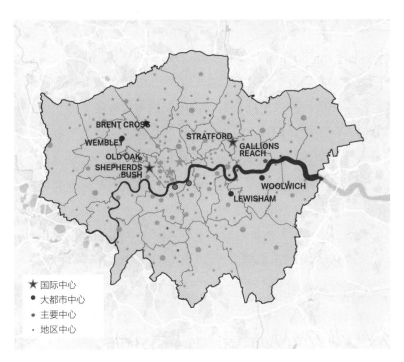

图 4.15　大伦敦地区的城镇空间体系

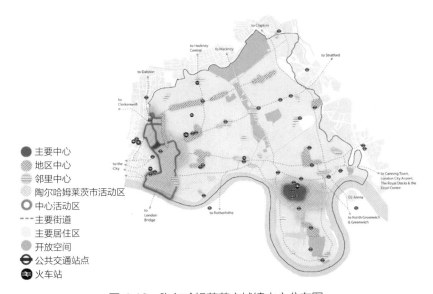

图 4.16　陶尔哈姆莱茨市城镇中心分布图

3. 在地方层面界定社会基础设施的需求

2004 年至今，《大伦敦规划》提出的社会基础设施的核心规划政策，可以概括为增加和提升社会基础设施的供给，以满足多样的居民需求。因此，评估、判断居民需求是社会基础设施规划与建设的基础。但是，由于发展规划是一种政策性规划，只提出了社会基础设施规划的政策导向，并没有明确未来设施建设的具体类别、位置和规模，因此需求的评估、具体项目的计划在地方层面的落实，可由各自治市编制更加详细的规划。基础设施交付计划是规划从编制到实施过程中的一个重要环节，目的是确定优先建设的基础设施项目、交付机制和交付计划表，它既是规划编制的内容，也是规划实施的途径。

基础设施交付计划由自治市制订，与地方发展规划相结合，并考虑人口增长、人口结构、交付环境及众多参与者的投资计划，提出一段时间内社会基础设施的具体需求和"地方优先事项"。它的编制内容和程序如下（图 4.17）：①建立现状设施和服务数据库，包括对现状设施和服务进行分类，分析现状设施和服务的容量、空间分布、可达性和服务范围；②识别现状设施和服务过剩或不足的地区，结合人口变化和住房发展预测未来需求；③根据地方发展规划政策、土地利用背景和资金情况确定设施交付计划，包括交付项目、交付机制、交付机构、交付时间、空间区位、所需费用等。

从内容来看，基础设施交付计划类似我国的公共服务设施专项规划。但不同的是，由于政府并没有提出强制性的配建指标，只提供一些公共机构和相关部门的数据库、分析模型或建议标准，因此由地方当局选择标准或参考进行设施的分类、评估和需求预测，具有明显的地方性。其中，地方层面的多方参与和合作是重要的环节。

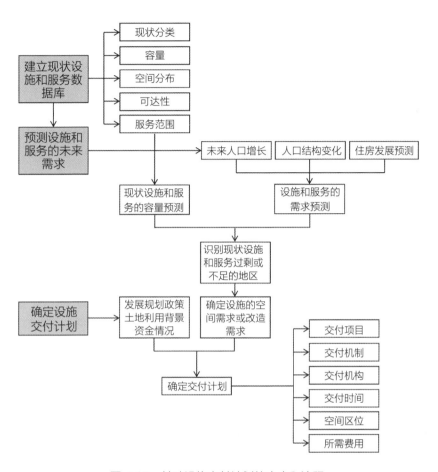

图 4.17　基础设施交付计划的内容和流程

　　传统上，英国一直采用自上而下的方式提供公共服务，并进行公共事务管理。20 世纪 80 年代之后，中央政府在新自由主义政策下进行的私有化和市场化改革改变了政府在公共服务领域的职能，对某些公共产品不再采用直接供给的方式，而赋权给其他机构或组织。2011 年，英国颁布了《地方主义法案》，赋予社区和居民更多参与地方公共事务的权利，包括允许社区组织购买地方公共服务机构财产或经营的权利等，同时社区居民可以通过邻里规划来影响社区设施的选址和建设。这些政策和法规建立了多方参与并运作社会基础设施的模式，也为社区和居民参与规划和建设提供了依据。因此，社会基础设施规划的编制和实施依赖于多方的合作和参与，除地方当局外，其他公共机构、私营部门或志愿组织均可参与其中。地方战略伙伴关系代表地方当局与这些部门和机构的合作，它可以涵盖任何地区，由地方当局确定合作的方式和性质。例如，伦敦市建立"城市共同体"，成员包括伦敦市政府代表、提供公共服务的公共机构、私营部门、志愿组织和各类社区组织的代表，伦敦市政府以多种方式与这些战略伙伴进行合作（图 4.18）。地方战略伙伴是社会基础设施规划与建设过程中必不可少的组成部分，特别是在基础设施交付计划的制订中，地方战略伙伴要与地方当局共同进行基础设施的现状评估，预测设施及服务的未来需求，衡量近期建设的基础设施的类型、位置和规模，确定由哪个机构来交付及支付费用等，最终形成的交付计划实际上是多方协商的结果。

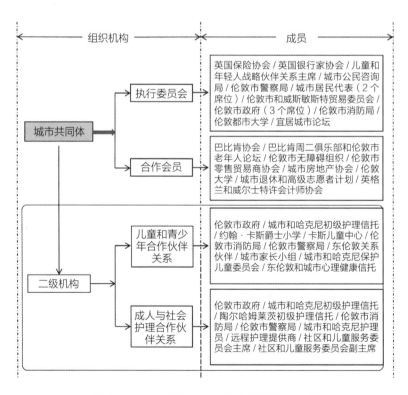

图 4.18　伦敦市"城市共同体"的组织机构

第5章　总结与展望

目前，我国特大城市基层公共服务设施已经形成相对稳定的规划配置体系，但是在实际建设和居民使用过程中仍然存在明显的问题。其中，街道级公共服务设施总体优于社区级公共服务设施，社区级公共服务设施具有更大的提升空间。例如，在功能设置方面，街道级公共服务设施的功能较多，并配有相应的室内外空间和设备，可以满足各类人群的使用需求。但是，社区文化室、社区卫生站等设施的建筑空间有限，功能单一，使用率相对较低。在基层公共服务设施的建设规模上，城市各区域、各层级设施的规模参差不齐。与规范要求对比，仍有部分地区的设施规模达不到指标要求。总体来看，各类公共服务设施的数量仍然不足，且存在供给错配的问题。在空间布局方面，由于与城市基层管理体系相对应，各层级公共服务设施的分布比较均衡，但可达性仍有待提升。可达性代表的是居民实际到达所需设施的能力，除与设施的区位有关外，还与设施所在区域的空间形态和规模、步行系统贯通程度有密切关系。公共服务设施位置不佳、步行系统不够顺畅、缺少无障碍设计等，都会降低设施的可达性。此外，基层公共服务设施的开放性也是影响居民使用的重要因素。目前，部分设施的开放性较差，使用人群较为固定，整体覆盖率不高。

1. 与地区发展目标的整合，促进社区发展

城市规划是一个复杂的体系，内容涉及社会、经济、环境等多个领域。我国于 2019 年建立的国土空间规划体系，将空间规划确定为协调各类对空间可能产生影响的公共政策的核心工具，强调从国家到省、市、县的规划统筹。具体落实到公共服务设施方面，公共服务设施规划不是单纯的物质空间规划，它涉及的范畴非常广泛，需要置于城市发展和社区治理的战

略框架中去探讨，与城市、社区的发展目标相整合。面对特大城市发展的复杂性，公共服务设施需要有针对性地加以配置。在总体规划、分区规划确定的功能片区和空间结构的基础上，可以研究各类空间对公共服务设施的建设导向和侧重点。对于城市中的特殊地区或待更新地区，城市规划也可以在公众参与和社区治理的基础上，探索设施类型和运行模式的创新。

　　社区是城市居民主要的生活空间，相关研究显示，居民有 75% 的时间是在社区度过的①，老年人和儿童在社区生活的时间更长，他们也是基层公共服务设施的主要服务对象。目前的社区生活圈是一种资源整合，是指在特定地域的社会系统内，居民为了满足日常生活需求，从居住地到公共服务供给地之间的行为轨迹，以及居住地与公共服务供给地构成的相应地域空间系统。基层公共服务体系的构建，本质上是为了营造和提升社区生活，通过配置居民日常生活所需的基本服务功能与公共活动空间，建立安全、友好、舒适的社会基本生活平台。因此，在微观层面研究建立公共服务设施与城市发展、社区建设、居民日常生活之间的内在关联，明确公共服务设施在规划目标分解及政策传导过程中的作用至关重要。

　　目前，特大城市的基层公共服务设施规划不仅要解决设施有无的问题，更要注重设施建设和使用的质量和品质。在公共服务设施的类型上，可以从生命周期出发，细化年龄层次，丰富设施类型，为居民提供全生命周期服务，特别要加强对老年人、儿童、社会弱势群体等需求的研究。例如，在基层文化设施方面，社区文化中心、图书馆和文化室的建设应与社区生活紧密相连，在功能定位上可以采用更多的方式融入社区、服务居民，赋予多元社会功能来开展各种文体活动，使之成为社区生活的中心。在功能类型上，以提供全年龄学习空间，构建终身学习、终身发展的社区环境为目标，包括为适龄幼儿家庭提供育儿指导，建立嵌入式社区托育点、儿童

---

① 参见对外经济贸易大学北京对外开放研究院与社会科学文献出版社联合发布的《城市社区蓝皮书：中国城市社区建设与发展报告（2022）》。

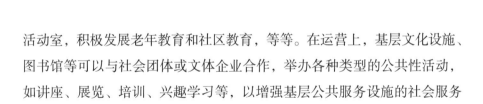

活动室，积极发展老年教育和社区教育，等等。在运营上，基层文化设施、图书馆等可以与社会团体或文体企业合作，举办各种类型的公共性活动，如讲座、展览、培训、兴趣学习等，以增强基层公共服务设施的社会服务职能，提升社区文化氛围和人文体验。

2. 加强城市居住空间类型体系研究

基层公共服务设施的构建体系以居民需求为核心，公共服务的供给要符合日常生活尺度和慢行可达性的要求。在居民需求层面，传统的公共服务设施配置指标体系将居民作为一个整体来对待，主要考虑的是根据居民数量来确定设施总量。而现阶段，城市居住空间的分异现象及居民日常生活需求的差异化，使基层公共服务资源的供给对象越来越复杂，各种类型的公共服务设施也与各类人群有着不同的匹配关系。传统的公共服务配置思路和方法在应对异质化的居住空间和人口结构方面尚显不足，因此根据空间特征和人群特征，差异性、针对性地配置公共服务设施已成为共识。目前，出现了较多的根据各类居民群体的社会经济特征、需求和偏好来审视公共服务设施规划与配置的研究，但由于我国特大城市社会空间结构复杂、居民需求多样，相关研究一般以个案研究为主，如针对各类社区或特定人群的研究，研究结论以描述性分析为主。如何挖掘公共服务设施与人群属性、需求特征及社会环境之间的逻辑关系，并提升为具有普遍性的结论进行推广和延伸，仍是未来研究的重点。

现阶段，我国特大城市已经形成了多种形态的居住空间，而居民需求更是千差万别。从可操作的角度来看，建立对城市居住空间类型化的认知，有助于发现公共服务设施不均衡地区，提升公共服务设施的配置水平。居住空间分异研究的实质，是从城市中观层面，以街道及社区为研究范畴对城市居住形态进行的一种分析，以便形成对社区的清晰认识，实现类型化的规划和管理，确定城市居住空间的类型及特征是研究的基础。城市规划领域对居住空间类型的划分主要采用历史演变归纳法，或利用居住区的容积率、住宅密度、道路密度等指标进行数据分析，识别城市居住形态的类型及特征。在社会学领域，主要采用因子分析法，利用人口普查数据中的人口数量、年龄、收入等要素划分社区。这两种方式因为使用的基础信息不同，所以划分出的空间类型有明显差别。由于城市居住空间分异既表现为物质特征，也表现为人文特征，因此可以将物质属性和人文属性相结合，在对物理空间和社会空间分类描述的基础上，结合社区所处的区位及周边城市公共服务资源，综合识别城市居住空间，建立类型体系。

3. 建立多层次的社会公平评价体系

公平、公正是公共服务设施规划的核心，包括现状公共服务设施的公平性评价，以及公平分配公共服务资源等方面。公共服务设施的公平性评价经历了从空间公平到社会公平的阶段，相关研究一般以描述性分析为主，通过技术方法衡量设施公平的程度，注重对公共服务设施的客观性评价。其中，对街道及社区等基层研究单元的关注仍显不足，各类居住空间形态与公共服务资源的匹配关系仍需探讨。

城市公共服务设施应在公共服务资源供给、服务转化过程，以及服务输出结果三个方面达到均等（张京祥 等，2012），但现实往往出现过程和结果相违背的情况。针对城市各类居住空间类型，需要建立多层次的评价体系，进行综合性评价，最终目的是判别影响因素，明确基层公共服务设施从机会公平到结果公平的内在逻辑关系。公共服务设施的服务水平及公平性评价有多种检验方法，如何选择适宜的评价方法，需要从多角度进行测算和比较。目前，对城市公共服务设施的评价主要基于设施本身的客观性评价，公平性研究也主要以公共服务设施的供给为视角。相关评价方法可分为三个方面，即人均指标评价、物理空间公平性评价和社会绩效评价。人均指标评价是指通过研究单元的人口数据与公共服务设施的规模、面积、数量进行对比，是最简单直接的评价方式。物理空间公平性评价需要在现状公共服务设施空间布局及路网体系的基础上，分析各类公共服务设施的密集度、覆盖率、空间可达性等。社会绩效评价是将前二者与研究单元内的社会经济特征相结合，分析公共服务设施的服务水平与社会经济属性的相关性和匹配关系。

基于公共服务设施本身的客观评价主要采用量化研究的方法，注重对各类数据和指标的分析。但是，对北京市中心城区的研究发现，目前基层公共服务设施的空间布局已基本达到均好性，但居民对公共服务的获得感和公平感却存在很大差异，包括服务供给与需求不匹配、客观可达性水平与居民满意度之间不匹配等。虽然导致这种感受上的差异有诸多原因，包括基层公共服务设施的供给品质、运营管理等，但是也确实说明基层公共服务设施存在机会公平与结果公平相违背的现象。在很大程度上，规划角度的供给均衡并不等同于主观福祉的结果均衡，公共服务设施的社会公平同样带有个人感知的成分，需要从主观情感和认知方面去考察。因此，以"人"为主体的主观评价也应纳入基层公共服务设施的评价体系中。引入居民"获得感"和"公平感"的概念，不仅可以评价基层公共服务设施的结果公平，还可以挖掘社会公平的内在逻辑。获得感和公平感是建立在"客观获得"基础之上的"主观感觉"，是一个主观性的评价指标，主要通过深度访谈、体验观察、文档记录等方式进行，适合使用定性研究和量化分析相结合的方式。虽然目前对公平感评价的相关研究较少，但是采取客观评价和主观评价相结合的思路，基于设施本身和使用者的角度建立多层次的社会公平评价体系，有助于判别影响社会公平性的因素，最终为提升社会公平提出切实可行的解决方案。

4. 注重基层公共服务设施的可达性研究

传统的服务半径是控制公共服务设施空间区位的一个重要指标，决定公共服务设施与被服务人群之间的距离关系，服务半径的设置为我国公共服务设施空间公平布局做出了重要贡献。早期的居住区规范只明确了部分设施的服务半径，但近年来修订的国家标准和地方规范，以及生活圈、服务圈等概念，都表达了对空间距离的关注。包括整合各类基层公共服务资源的上海"15分钟社区生活圈"、北京"一刻钟社区服务圈"、成都"基本公共服务圈"等；也有单独针对各类公共设施建设服务圈，一般见于各部门编制的公共服务设施专项规划，如公共文化服务圈、健身圈等。这些规划理念的共同点都是在一定的空间范围（可达时间）之内，根据服务人口配建相应的公共服务设施和公共空间。在国外也有类似的理念，如纽约市虽然没有明确的指标规定，但也在总体规划中提出"10分钟步行圈"的构想。

与传统服务半径相比，目前基层公共服务设施的空间布局不只是简单地以公共服务设施为圆心，以服务半径画圈的理论空间范围，而是一种时间距离。以步行为基准，强调居民在一定的时间范围内可以获得日常需要的各种公共服务。因此，公共服务设施的空间布局与居民的步行时间、步行要求、使用频率、步行环境等具有密切的关系，最终影响设施的可达性。可达性是一个很重要的概念，往往与公共服务设施的公平性相结合，用来评估不同地区或群体之间的服务平等性。较高的可达性，意味着居民可以更加便捷地获取所需的公共服务；较低的可达性，表明公共服务设施在地区间的分布不够平等。可达性代表公共服务设施与居民之间的距离，但这种距离不仅是物理空间距离，还包括无障碍程度、设施的开放程度、居民的经济水平、时间成本等多个因素。可达性既是一个地理概念，也是一个社会概念，体现了社会公平的理念。因此，应进一步加强可达性研究，将可达性作为基层公共服务设施配置的控制指标。

首先，由于老年人、儿童和成年人的步行速度不同，对步行环境的要求不同，因此以老年人和儿童为主要服务对象的公共服务设施，在布局上应考虑步行速度、提升步行环境、注重无障碍设计。其次，目前基层公共服务设施规划的主要任务是补短板、提质量，因此可结合路网，细化评估公共服务设施的慢行可达范围，将服务盲区和可达性欠佳地区作为配置的重点地区。在规划设计中，应注重公共服务设施与步行体系及公共交通网络的联系。最后，加强社区中心建设有助于整体提高基层公共服务设施的使用效率，增强设施的可达性。从设施个体来看，居民需要在特定时间内到达某一类公共服务设施（获得某种公共服务）；从设施整体来看，大量公共服务设施（特别是关联度高的公共服务设施）需要有整体的空间安排，包括布局模式、各类设施之间的关系，以及设施与住宅、道路、开放空间的关系等。城市基层公共服务设施的布局模式主要有分散式和集中式两种，其中集中式包括点状集中和线性集中。从早期的居住区设施规范来看，虽然没有具体的规定，但建议遵循集中和适度分散相结合的建设原则。目前，上海、广州、南京、成都等地更加明确了社区设施集中、建立各级社区中心的要求。国外也有相似的概念，如大伦敦地区建立的城镇中心体系、新加坡的邻里中心等。集中式布局有助于节约用地，整合不同的服务资源，为居民一次出行完成多种活动提供便利。

　　总体而言，我国城市的基层公共服务设施规划伴随着居住区的规划建设而逐步发展，目前已成为社区建设和治理的重要内容。根据不同的区域类型和社区特点精准配置公共服务资源，提升公共服务水平，确保各类居民的平等选择，成为目前的重点和难点。除探索研究方法、改进规划技术外，加强公众参与，探索社区治理创新，在法定框架下建立企业、社会组织和公众制度化的参与合作程序和模式，也是城市基层公共服务设施规划的重要主题。

参考文献

毕波，等，2017. 基于社会空间分异的北京市中小学服务分布研究 [J]. 城市发展研究，24（10）：70-78.

陈燕，2014. 我国大城市主城 - 郊区居住空间分异比较研究：基于 GIS 的南京实证分析 [J]. 技术经济与管理研究（09）：100-105.

方遥，等，2022. 基于居民需求特征的城市社区公共服务设施规划实施策略研究：以南京市江北新区顶山街道为例 [J]. 上海城市规划（02）：24-31.

冯健，等，2018. 北京社会空间重构（2000—2010）[J]. 地理学报，73（04）：711-737.

冯健，等，2003. 北京都市区社会空间结构及其演化（1982—2000）[J]. 地理研究（04）：465-483.

葛丹东，等，2009. 开发区公共服务设施体系规划初探：以浙江省杭州湾经济开发区为例 [J]. 浙江大学学报理学版，36（03）：340-345.

何海兵，2003. 我国城市基层社会管理体制的变迁：从单位制、街居制到社区制 [J]. 管理世界（06）：52-62.

胡畔，等，2013. 公共服务设施配套问题解读及优化策略探讨：居民需求视角下基于南京市边缘区的个案分析 [J]. 城市规划（10）：77-83.

胡畔，等，2012. 基本公共服务设施研究进展与理论框架初构：基于主体视角与复杂科学范式的递进审视 [J]. 城市规划，36（12）：84-90.

黄经南，等，2021. 基于 POI 数据的武汉市公共服务设施布局社会公平绩效评价 [J]. 现代城市研究（06）：24-30.

黄靖，等，2005. 城市基础设施如何适应不同类型流动人口的需求分析 [J]. 武汉理工大学学报（交通科学与工程版）（02）：284-287.

黄玖菊，等，2022. 社会公平视角下深圳公园绿地可达性研究 [J]. 地理科学，

42（05）：896-906.

黄杉，等，2012. 开发区公共服务供需问题研究：从年龄梯度变迁到需求层
次演进的考量 [J]. 城市规划，36（02）：16-23，36.

江海燕，等，2011. 西方城市公共服务空间分布的公平性研究进展 [J]. 城
市规划，35（07）：72-77.

江海燕，等，2010. 广州公园绿地的空间差异及社会公平研究 [J]. 城市规划，
34（04）：43-48.

金荷仙，等，2022. 社会公平视角下的杭州城市公园绿地可达性研究 [J].
西北林学院学报，37（03）：261-267.

冷红，等，2017. 东北三省村镇不同类型人群的公共设施需求调查与分析 [J].
现代城市研究（03）：43-50.

李京生，等，2007. 上海嘉定区马陆镇社区公共服务设施配套研究 [J]. 山
西建筑（08）：1-2.

李萌，2017. 基于居民行为需求特征的"15分钟社区生活圈"规划对策研究 [J].
城市规划学刊（01）：111-118.

李如贵，等，2008. 高密度外来人口地区公共服务设施规划的探讨：以温州
市蒲状片分区规划为例 [J]. 浙江建筑，25（12）：1-3.

凌莉，2018. "体系衔接与治理创新"：上海市单元规划的演进与探索 [J].
上海城市规划（04）：80-85.

刘晟，等，2022. 超特大城市公共服务设施的特征与规划应对：以上海市为
例 [J]. 上海城市规划（05）：67-73.

刘佳燕，等，2006. 公共服务设施规划：以北京昌平新城为例 [J]. 北京规
划建设（06）：42-45.

刘雪娇，等，2021. 北京三家社区老年人医养结合需求 [J]. 中国老年学杂志，
41（08）：1733-1735.

刘艳艳，等，2020. 城市公园供给社会公平研究：以广州市中心城区为例 [J].
中国园林，36（09）：82-86.

罗吉，等，2022. 城市低收入社区生活圈公共服务设施配置空间分异研究：
以武汉市为例 [J]. 现代城市研究（09）：61-67.

罗竞哲，2010. 城乡一体化地区公共服务均等化的规划对策思考：以广东省
中山市为例 [J]. 规划师，26（S2）：175-178.

罗若愚，等，2018. 居住分异下成都公共服务设施空间布局研究 [J]. 西南
交通大学学报（社会科学版），19（02）：68-77.

曲凌雁，2013. "合作伙伴组织"政策的发展与创新：英国城市治理经验 [J].
国际城市规划，28（06）：73-81.

任晋锋，等，2012. 北京核心城区社区公共服务设施问题及对策研究：以西
城区调研为例 [J]. 现代城市研究，27（02）：53-59.

邵磊，等，2016. 保障性住区公共服务设施的不同人群需求特征与满意度分
析 [J]. 规划师，32（08）：106-111.

孙瑜康，等，2014. 城市居住空间分异背景下青少年成长的邻里影响：以广
州市鹭江村与逸景翠园为例 [J]. 地理科学进展，33（06）：756-764.

唐子来，等，2015. 上海市中心城区公共绿地分布的社会绩效评价：从地域
公平到社会公平 [J]. 城市规划学刊（02）：48-56.

滕娟，等，2014. 社区公共服务设施设置标准探讨：以《广州市社区公共服
务设施设置规范》修订工作为例 [J]. 规划师，30（S5）：170-174.

王芳，等，2022. 我国医养结合服务发展趋势与策略 [J]. 中国卫生政策研究，
15（08）：7-10.

王娟，等，2015. 上海城市社区类型谱系划分及重点社区类型遴选的研究 [J].
上海城市规划（04）：6-12，25.

王娟，等，2021. 社区分异视角下社区公共服务设施可达性评价研究：以上
海市高密度老龄化社区为例 [J]. 住宅科技，41（01）：26-32.

王兰，等，2021. 健康公平理念下社区养老设施的空间分布研究：以上海市
中心城区为例 [J]. 人文地理，36（01）：48-55.

王兰，等，2019. 健康公平视角下社区体育设施分布绩效评价：以上海市中

心城区为例 [J]. 西部人居环境学刊，34（02）：1-7.

王丽娟，2014. 城市公共服务设施的空间公平研究：以重庆市主城区为例 [D].
重庆大学.

王兴平，等，2014. 基于社会分异的城市公共服务设施空间布局特征研究 [J].
规划师，30（05）：17-24.

王兴中，2004. 中国城市生活空间结构研究 [M]. 北京：科学出版社.

威廉洛尔，等，2011. 从地方到全球：美国社区规划100年 [J]. 国际城市规划，
26（02）：85-98，115.

吴莞姝，等，2015. 小区居民日常出行特征及配套公共服务设施规划布局研
究：基于无锡市小区的对比研究 [J]. 华中建筑，33（06）：115-120.

吴培培，等，2023. 上海市公共服务功能设施供需匹配研究：基于居民需求
异质性视角的分析 [J]. 城市问题（04）：87-95.

吴启焰，等，2002. 现代中国城市居住空间分异机制的理论研究 [J]. 人文
地理（03）：26-30，4.

吴启焰，2001. 大城市居住空间分异研究的理论与实践 [M]. 北京：科学出版社.

奚东帆，等，2017. 面向2040年的上海社区生活圈规划与建设路径探索 [J].
上海城市规划（04）：65-69.

肖飞宇，等，2019. 传统社区配套公共服务设施发展趋势、问题及对策：基
于居民使用视角的实证研究 [J]. 城市规划学刊（02）：54-60.

徐碧颖，2018. 提高民生保障和服务水平，增强人民获得感：北京城市总
体规划关于公共服务的价值导向与规划重点 [J]. 北京规划建设（01）：
80-83.

徐雨璇，等，2022. 深圳都市圈公共服务设施分布与人口特征协调性研究 [J].
城市规划学刊（S1）：70-76.

尹海伟，等，2009. 上海公园空间可达性与公平性分析 [J]. 城市发展研究，
16（06）：71-76.

应瑞瑶，等，2009. 中西方居住空间分异动因比较研究 [J]. 城市问题（02）：

51-55.

余珮珩，等，2021. 基于年龄结构的综合医院分布的空间公平研究：以武汉市主城区为例 [J]. 地域研究与开发，40（03）：56-62.

余思奇，等，2020. 社会公平视角下城市公园绿地的可达性研究：以南京中心城区为例 [J]. 现代城市研究（08）：18-25.

湛东升，等，2019. 城市公共服务设施配置研究进展及趋向 [J]. 地理科学进展，38（04）：506-519.

张大维，等，2006. 城市社区公共服务设施规划标准与实施单元研究：以武汉市为例 [J]. 城市规划学刊（03）：99-105.

张大维，2008. 社区公共服务设施规划研究与建设进展 [J]. 社会主义研究（02）：141-146.

张健，等，2019. "健康中国"背景下居民健身需求与生态体育资源建设的影响研究 [J]. 西安体育学院学报，36（05）：551-554.

张京祥，等，2012. 城乡基本公共服务设施布局均等化研究：以常州市教育设施为例 [J]. 城市规划，36（02）：9-15.

张磊，等，2014. 供给需求分析视角下的社区公共服务设施均等化研究 [J]. 规划师，30（05）：25-30.

张沛，等，2015. 新型城镇化导向下公共服务设施空间配置模式研究：以渭南市主城区为例 [J]. 现代城市研究（03）：70-77.

张旭坤，2019. 中国城市居住空间分异的国际研究综述 [J]. 现代城市研究（05）：56-62.

张志斌，等，2021. 基于社会阶层的公共服务设施空间公正性：以兰州市中心城区为例 [J]. 城市规划，45（12）：48-58.

赵民，等，2002. 居住区公共服务设施配建指标体系研究 [J]. 城市规划（12）：72-75.

郑研辉，等，2021. 社区医养结合服务模式比较研究 [J]. 兰州学刊（01）：201-208.

周亚杰，等，2012. 北京居住与公共服务设施空间分布差异 [J]. 北京规划建设（04）：58-63.

周忠良，等，2023. 西部地区基层医疗卫生服务质量及提升策略 [J]. 西安交通大学学报（社会科学版），43（06）：188-200.

BRULLE, et al, 2006. Environmental justice: Human health and environmental inequality[J]. Annual Review of Public Health, 27(01): 103-124.

ELAINE, et al, 2017. Socioeconomic inequalities in green space quality and accessibility: Evidence from a Southern European City[J]. International Journal of Environmental Research and Public Health, 14(08): 916-932.

ELENA, et al, 2015. From built environment to health inequalities: An explanatory framework based on evidence[J]. Preventive Medicine Reports(02): 737-745.

EMILY, et al, 1998. Visualizing Fairness[J]. Journal of the American Planning Association(01): 134-268.

ERKIP, 1997. The distribution of urban public services: The case of parks and recreational services in Ankara[J]. Cities, 14(06): 353-361.

FORTNEY, 1996. A cost-benefit location-allocation model for public Facilities: An econometric approach[J]. Geographical Analysis(01): 67-92.

GEERTMAN, et al, 1995. GIS and models of accessibility potential: An application in planning[J]. International Journal of Geographical Information Systems, 9(01): 67-80.

GOBSTER, 2002. Managing urban parks for a racially and ethnically diverse clientele[J]. Leisure Sciences, 24(02): 143-159.

GU, et al, 2005. The structure of social space in Beijing in 1998: A socialist city in transition[J]. Urban Geography, 26(02): 167-192.

KAREN, et al, 2010. Spatial accessibility and equity of playgrounds in Edmonton, Canada[J]. Canadian Geographer, 48(03): 287-302.

KUNZMANN, 1998. Planning for spatial equity in Europe[J]. International Planning Studies(01): 101-121.

LUCY, 1981. Equity and planning for local services[J]. Journal of the American Planning Association, 47(04): 447-457.

MAKINEN, et al, 2008. Teenage experiences of public green spaces in suburban Helsinki[J]. Urban Forestry & Urban Greening(04): 277-289.

MCLLISTE, 1996. Equity and efficiency in public facility location[J]. Geographical Analysis, 8(01): 47-63.

PAUL, et al, 2008. Optimization of community health center locations and service offerings with statistical need estimation[J]. IIE Transaction(09): 880-892.

PERRY, 1998. The neighbourhood unit[M]. Reprinted.London:Routledge/Thoemmes Press.

SALVADOR, et al, 2006. Location public facilities by majority: Stability, consistency and group formation[J]. Games and Economic Behavior(01): 85-200.

SCOTT, et al, 1996. Factors that limit and strategies that might encourage people's use of public parks.[J]. Journal of Park and Recreation Administration, 14(01): 1-17.

TALEN, 1998. Visualizing fairness: Equity maps for planners[J]. Journal of the American Planning Association, 64(01): 22-38.

TELLO, et al, 2005. A census-based socioeconomic status(SES) index as a tool to examine the relationship between mental health services use and deprivation [J]. Social Science & Medicine, 61(10): 2096-2105.

THOMPSON, 2002.Urban open space in the 21st Century[J]. Landscape and Urban Planning, 60(02): 59-72.

TRUELOVE, 1993. Measurement of spatial equity[J]. Environment and Planning C, 11(01): 19-34.

TSOU, et al, 2005. An accessibility-based integrated measure of relative spatial equity in urban public facilities[J]. Cities,22(06): 424-435.